サスティナブル・コーチング

「自走する組織」の創り方

合力 知工　市丸 邦博

同友館

はじめに

ある大学での話（注1）。

この大学は、中途退学者が数百名におよび、それによる損失が億単位になっていました。中途退学の理由は細かく言えばいろいろとありますが、大きく言えば「経済的理由」と「学業不振」の2つに大別できます。同大学では、その状況を打開するためにいくつかの取り組みを始めましたが、そのうちの一つが「学業不振」への対策であり、具体的には「教務課職員がコーチング技術を体得し、それを修学指導で活用する」というものでした。修学指導とは成績不良者に対しての指導ですが、同大学は、従来型の指導方法では成績不良者を立ち直らせることはできず、逆にこれを改善することで中途退学者を減らせるのではないかと考えたのです。

従来型の指導方法とは、ティーチングによる指導でした。それは過去の経験が活かされたものであり、学生を何とかしてあげたいという熱意も込められており、高いスキルを伴ったものでしたが、残念ながら、大学側の期待する成果は得られませんでした。なぜか。

従来の指導方法には致命的な欠点がありました。それは、この指導方法が過去の経験や熱意やスキルに基づくものではあったものの、一方通行であり、双方向ではなかったということです。大学側には「目指すべ

注1：2021年3月　第7回ＣＯＡＣＨＩＮＧ実践事例発表　4年連続最優秀賞　九州産業大学学生係長　一ノ瀬大一氏コーチング実践事例発表。2021年4月テレビ東京系列「テレＱ」にて『人が変わる　組織が変わる　未来に向けたコーチング　九州産業大学編』

き学生像」があり、職員の修学指導の目的は、大学の考える「良い学生」になるように意識づけることでした。もちろん、学生に質問し、学生からも話は聞きますが、主として、それは学生の「問題点」を探すためのものでした。そして、過去の経験などに基づいて、その問題点を解決するような「正解」を教え、それを実行することを一方的に促した（強制した）のです。

過去の経験に基づく助言が「正解」となることも当然あります。しかし、それは毎回ではありません。本来、人の選択に関する「正解」は他者が教えたり、他者から与えられたりするものではありません。自分で選んだり、創り出していったりするものです。むしろ、ある人にとっての「正解」が、別の人にとっての「正解」になることの方が稀なのではないでしょうか。したがって、他者が他人の選択に介入する場合、当人がより「喜びに溢れた」選択ができるように支援するというスタンスが重要です。質問も「こちらの価値観とは合わない問題点を探す」ために行うのではなく、相手の話をじっくりと聴いて、当人がより「喜びに溢れた」選択をするのに必要な気づきを促すようなものであることが大切ではないでしょうか。

従来型の指導法では学業不振を理由とする中途退学者を減らせないことに気づいた同大学の教務課職員はコーチングを学び、それを修学指導に導入しました。コーチングの基本の流れは、「（コーチが）クライアントの話を聴く」→「（コーチが）承認する」→「（コーチが）質問する」→「（クライアントおよびコーチが）気づく」、そしてこれを何度も繰り返し、その結果、「（クライアントが）自発的・主体的行動をとる」ということですが、このプロセスによって「気づき」を得た多くの学生（クライアント）に、「自発性・主体性」が芽生えてきました。

例えば、修学指導対象者として相談室に呼ばれたある男子学生は、最初に来室した際、金髪にピアスという風貌で、椅子に座るときも大股を広げ、面倒くさそうな表情をしていました。しかし、職員がコーチングを重ねるうちに、「この人はこちらの話をちゃんと聴いてくれている」「途中でこちらの話を中断させ、自分の経験談を押し付けてくることなどせずに、最後まで認めてくれる」「関心を持って質問をしてくれる」と思いはじめ、段々と態度が変わっていきました。そして、当初抱いていた被害者意識や他人責任を口にすることも少なくなり、自己責任や自発性が芽生えてきて、在学中に「宅地建物取引士」の資格を取得し、建築物を見るためにヨーロッパへの留学を決めました。この学生は、職員からのコーチングに「刺激」を受け、大学生活に意義を見出し、非常に「生産性の高い」学生へと変貌していったのです。

　同大学ではこのような学生が増えはじめ、それに伴って中途退学数も減少に向かっていますが、もちろんそれはコーチングのみによる効果ではなく、他の取り組みとの複合的な成果でしょう。しかし、同大学ではコーチングの効用に非常に期待が向けられており、それは教務課だけでなく、全学的に広がり始め、中途退学者の減少のみならず、入学者の増加などにも大きく影響し始めています。

　コーチングというと、スポーツでの指導がすぐに思い浮かぶかもしれませんが、コーチングは、上記のように教育現場でも、家庭でも、そして、もちろんビジネスにおいても活用できます。コーチングの用途、方法や効果などについては第3章と第4章で詳しく説明しますが、コーチングが組織の生産性の向上に及ぼす影響は絶大です。だからこそ、多くのビジネスマンが関心を寄せ、それを体得し、自らの組織に取り入れたいと考えています。しかし、その効果は、スキルを学び、それを取り入れたからといって、すぐにあらわれるようなものではありません。持続させ、習慣化することが肝要です。

　ところが、多くの企業で注目され、導入されているコーチングではありますが、**コーチングを取り入れた人（組織）の中に、それを持続できないというケースが散見されるようになってきている**ようです。**それはなぜなのか、また、それを持続的に続けて効果を出し続けるためにはどうしたらよいのか。**本書では、さまざまな場面でのコーチングの効用を示すことにとどまらず、こうした問いに対しての「答え」、というよりも「考え方」を積極的に提供していきたいと思っています。

　コーチングを体得し、今度は自らがコーチとなって、自らが所属する組織にコーチングを取り入れると、その効果を誰もが期待します。しかし、取り入れた時点では、コーチ自身もそれが取り入れられた組織もモーベーションが高かったのに、周囲の環境が厳しくなったり、仕事に余裕がなくなったりすると、学んだはずのコーチングをいつの間にかなおざりにしてしまい、結局、期待するような効果が出ない状態が続く、という傾向があります。

　では、周囲の環境に左右されることなくコーチングを持続的に根付かせ、その効果を発揮させるためには、どうすればよいでしょうか。上述したように、その具体的な方法論については、第3章と第4章において詳しく説明していますが、そうした具体的な方法が功を奏すには、**コーチ自身がコーチングのスキルを学ぶ前後に、「コーチングを持続可能にするパラダイム（モノの見方や考え方に影響を及ぼす認知的枠組み、あるいはそうした見方や考え方そのもの）」を確立させる必要がある**のではないのか、と本書では考えています。

　コーチングは、人と人とのかかわり合いで成り立っています。この後の序章で記すように、コーチングは万能ではなく、場面ごとにティーチングとの併用が必要となり、その使い分けが重要になってきますが、ティーチングに関しても、やはり人と人とのかかわり合いで成り立っています。こうした**人と人とのかかわり合いには、「人をどう見るか」という、その人の持つパラダイムが大きく関与しており、どんなに長く、どんなに深くコーチングやティーチングを学んでいても、このパラダイムが確立されていなければ、コーチングを持続可能にすることは困難になる**、というのが本書のスタンスです。

そのようなパラダイムを確立させるために多大な影響を及ぼす基盤として、本書では、「禅的思考」「ポジティブ心理学」「脳科学」を取り上げることにしました。これらの基盤に関する知見とそれらによって構築されるパラダイムがコーチングを持続可能なものにするうえでどれほどに重要であり、またこれらがコーチングとどのように関わっているかについては、第1章と第2章で触れていきたいと思っています。

上述した大学でコーチングが維持し続けられ、その成果が持続的に向上し続けている要因はいろいろと考えられるでしょうが、同大学の職員が誰かから強制されるわけではなく、また誰かから勧められるわけでもなく、自発的に「学生を変える前に自分たちが変わる必要があるのではないか（まずは自分たちがコーチングを学ぶ必要があるのではないか）」と考えたことも大いに関係していると思います。この考え方こそが、まさに上述した「コーチングを持続可能にするパラダイム」ということになります。実はこの考え方は、松下電器創業者である松下幸之助の言う「主体変容」、あるいは経営コンサルタント、スティーブン・コヴィ氏が『7つの習慣』で示した「インサイド・アウト[注2]」のような考え方、すなわち「状況を変えたければ、まず自らが変わる」という姿勢と同様のものです。この大学の教務課職員たちは、まさにこうしたパラダイムを意識的あるいは無意識的に構築していたと考えられます。

当然、これら以外にもパラダイムとなり得るものは多数存在するでしょう。本書で強調したいのは、コー

注2：経営コンサルタントであるスティーブン・コヴィ氏は、その著作『7つの習慣』のなかで、「アウトサイド・イン」と「インサイド・アウト」という考え方を示した。前者は、何か問題が生じたとき、「自分のうまくいかない状況の責任を周りの人や環境のせいにして、周りが変われば問題が解決する」というような見方であり、後者は「まず自分の根本的な価値観、人格、動機など内面を変化させ、それから自分の外側に影響を与える」という見方である。

チングを持続的に根付かせたいのであれば、どのようなものであれ、明確なパラダイムを伴ったコーチングである必要があるということです。そして、そうしたパラダイムを構築する上で、その基盤になるものとして本書が強調したいものが「禅的思考」「ポジティブ心理学」「脳科学」的知見であり、これらの基盤によって構築されたパラダイムを伴うコーチングが、「良質のコーチング」として組織に根付き、有益な成果を生み出していく、ということを本書で示していきたいと思っています。

上述したことを含み、本書では以下の内容を提示していきます。

①（目的としてではなく、結果として）企業に生産性向上をもたらすコーチングの効用

②コーチングの効用を持続可能にするために必要なパラダイムと、その構築に影響を及ぼす禅的、心理学的、脳科学的な基盤の知見

③中規模でありながら、日本中に多くのクライアントを持つ、コーチ・コントリビューション株式会社が提供しているコーチング（理論と実践）

④コーチングを持続的に実践している事例の紹介

本書が、これからコーチングを学びたいと考えている方はもちろんのこと、コーチングに関心を抱きながらも導入に踏み切れない方々、コーチングを取り入れたけれどもうまくいかなかった方々のお役に立てれば幸いの極みです。

最後に、同友館の武苅夏美氏には校正からデザインの御提案に至るまで、ひとかたならぬお世話になりました。この場をかりて心より御礼申し上げます。

合力　知工

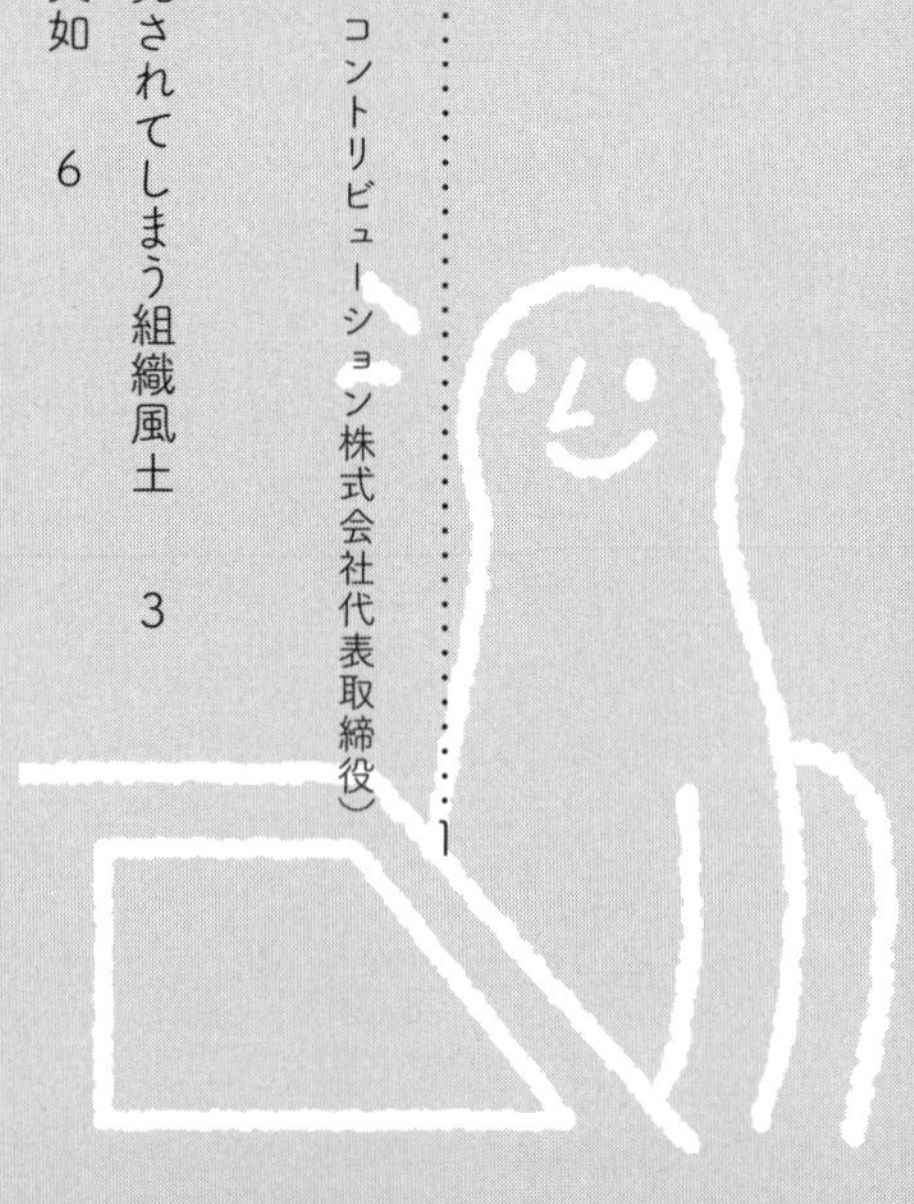

もくじ

序章
組織にコーチングが根付かない3つの理由

市丸邦博
コーチ・コントリビューション株式会社代表取締役

❶「コーチングは万能である」という大いなる誤解

１９９７年にアメリカより日本にコーチングが導入されて以来、多くの組織にコーチングという対話手法が取り入れられては根付くことなく消えていきます。２００４年より国内のコーチングファームでコーチングを学び、当時在籍していた企業でコーチングを活用したのち、コーチ・コントリビューションというコーチング企業を立ち上げた私としては、非常に残念なことではありますが、その事実は認めざるを得ません。

では、なぜせっかく導入された対話手法が継続的に根付いていかないのでしょうか。理由は大きく３つあります。

その１つ目の理由は、多くの組織で**「コーチングは万能である」という大いなる誤解**を抱いたまま、コーチングを導入していることにあります。

冒頭からこのようなことを申し上げるのは、読者の皆さんをがっかりさせてしまうかもしれませんが、まずははっきりと断言します。「コーチングは万能」ではありません。コーチングだけで、組織に存在する人財育成をはじめとしたさまざまな問題を解決していくことは不可能です。

例を挙げてみましょう。**緊急事態のクレームやトラブル**があったときのことを想像してみてください。経営者である皆さんであればどうしますか？すぐに必要な対応を判断して、現場に指示命令をしていかなければなりませんよね。弊社のクライアント様である某大手飲食チェーンの執行役員の方が、「緊急事態の対応、これこそが私の最大の仕事です」とおっしゃっていました。それほど企業の命運を握る緊急事態時に、果た

して相手の主体性を重んじるコーチングという対話手法は機能するでしょうか。そして、それが機能しないからということを理由に、「結局、コーチングはいざというときに役に立たないではないか」と切り捨ててきた組織は少なくないのではないでしょうか。

新しいメンバーが部署異動してきたような場面も同様です。そもそも全く知識がないメンバーには意味づけして教えないと何も始まりません。「君はどう思う？」と聞いても、そもそも前提知識がないわけですから。

つまり、緊急事態や知識付与といったような場面では、過去も現在も未来も、ティーチングが大事なのです。

逆に、能力やモチベーションが高い社員に対して、より難易度の高い仕事をアサインするときなどは、コーチングがもっともインパクトを発揮します。「どうやって、その仕事をうまくやっていこうとしているか？」と関わり、その社員の自発性を一層引き出すのです。

本書では、第３章以降で、コーチングとティーチングの使い分け方を詳しく紹介していきますが、まずは、「コーチングは万能ではある」という大いなる誤解は、今ここではっきりと解いておきたいと思います。

❷ 過去の成功体験から、ティーチング型リーダーシップが優先されてしまう組織風土

コーチングが根付かない２つ目の理由は、さらに**厄介な問題**です。

過去20数年間の中でコーチングを導入してきた組織には「はじめに」で紹介しました、九州産業大学 一

ノ瀬大一氏を中心とした継続的なコーチング実践（中退予防、育成型入試、アスリートコーチングなど）は、7年目を迎え、継続的に進化を遂げ、サスティナブル・コーチングの模範的モデルとしていつも弊社一同学びを得ています。

そのようなケースもありますが、過去20数年の中でコーチングを導入してきた組織の多くは、導入の際、すでに何らかの成功を収めています。さらなる成功を積み上げるために、コーチング導入を決断していきます。グローバル化の波に乗り遅れないよう、「**変化に強い組織を創造していこう**」とし、組織開発、人財育成を進めています。この書籍を手に取ってくださっているリーダーの皆さんも、そう思っていらっしゃるのではないでしょうか。しかし、実はここに大きな落とし穴が潜んでいます。

「すでに一定の成功を収めたような成熟組織は危ない」のです。一つには、成功体験が生み出す、無意識下に蔓延した「**おごり**」があります。あの方法で成功したのだから、次も大丈夫だろう、と。もう一つは、なかなか抜けない「**横にらみ意識**」です。ここまで積み上げてきた地位や名声を守り抜こうと、個々が社内の周囲を気にしてリスクが取れない。こうしたことによって、変化を好まない意識に支配された集団になってしまうとどうなるか。それは皆さんすでにお分かりでしょう。

弊社の顧問アドバイザーであった、[注3] 元サムスン電子常務取締役 吉川良三氏（故人）が、かつての某大手電機メーカーの急速な衰退に触れ、**「あの大手企業があのような状況になるとは社員の誰が想像できただろう。否、みんな分かっていた。ただ言わなかった。言おうとしなかった。変わらなかった、という事**

注3：吉川良三（2012）『サムスンの決定はなぜ世界一速いのか』（角川書店）

実だけがあった」とおっしゃっていました。

「皆さんの組織では厄介な問題は、どこの層で起こっているか？」

「誰が変化し、全社を変えていきたいか？」

本書ではこの問いに答える実践的な内容を準備しました。

この問いを繰り出し、ブラッシュアップすることに組織変革の大きな解決策があると確信しています。

上述のような組織の場合、例え表面的に「コーチング」という対話手法を導入したとしても、本質的な変革に至ることなく、結局はそれまでのティーチング型リーダーシップが優先されてしまうことになりがちです。

「ティーチング」とは、リーダーがメンバーを育成する中で、知識を教えて育成する対話手法です。指示すること、命令すること、時には罵声を浴びせることも、ティーチングと呼ばれ、日本の教育、家庭の中で、最も活用されている対話手法です。

今の日本の豊かな国が成り立っているのは、ティーチング型のリーダーがいて、勤勉性を持ったメンバーがいたからです。

しかし、日本が世界から30年遅れをとっていると言われているのは、ティーチング型のリーダーが多く、人を育成するリーダーが不足しているからだとも推測されています。なぜでしょう。それは、過去、成功体験を上から下に継承していくスタイルで繁栄してきた日本企業では、その伝統を継承していくほうが、リスクが少なく、勝手も分かっているので、お互い楽だからです（その構造については、第2章第3節の「ヒューリスティクス」のところで示しています）。一方で、コーチングという新たな対話手法は、比較的新しい対話手法であるにもかかわらず、**長期的に継続してこそ成果が表れてくる手法であるため、どうしても手間と時間がかかってしまいます。**その辛抱ができず、コーチングが根付かないというのが私の経験から導き出された第2の理由です。

ちなみに、ダーウィンは、「**変化に対応する種が生き残る**」と言いました。つまり、この変化の時代の中で本当の意味で生き残るためには、例え多少遠回りのように見えたとしても、失われた30年の遅れを取り戻すことを意図し、本当の意味での変化を成し遂げなければならない、ということです。そして、第5章でご紹介する株式会社個別教育舎様をはじめとした弊社のクライアント企業様の多くは、そのことに気づき、実践に移され、持続可能な「実践型コーチング」を学習し、リーダー育成し組織文化向上」を持続的に実行しています。つまり、「急がば回れ」なのです。

❸ 上司からの見せかけのコーチングと、コーチングアップの欠如

前節の元サムスン電子常務取締役 吉川良三 氏（故人）の言葉をもう一度思い出してください。「**あの大手企業があのような状況になるとは社員の誰が想像できただろう。否、みんな分かっていた。ただ言わなかった。言おうとしなかった……**」

つまり、この「大手企業」では、仮に上司側からなんらかのかかわりがあったとしても、一方で、**部下や現場の方から上に対してモノが言えない組織風土だった**ということが言えるでしょう。これが組織にコーチングが根付かない第３の理由です。こうした組織でも、残念ながらコーチングは根付きません。仮に、経営層から現場に対して、はたまた上司の方から部下に対して、「コーチングらしき」かかわりをしていたとしても、現場や部下の方からコーチングができないようでは、組織は硬直化していると言わざるをえません。

例えば、上司から部下にこんなかかわりをしたとしましょう。

「いつでも気軽にアイデアを提案してほしい」

そして、部下は主体的に自身の温めていたアイデアを、寝る間も惜しんで企画書にまとめて、上司に提出しました。

しかし、その企画書の返事はいつまで経っても返ってこなかった……。

もしくはこんなかかわりはどうでしょうか。

「君から見て、僕のマネジメントに関して、何か気になったことがあったらいつでもフィードバックしてくれないか？」

部下は、

「組織の成果に向けて、この上司はオープンなかかわりを望んでいるのだ」

と期待し、率直なフィードバックを返す。しかし、それから上司はなぜか自分に対してよそよそしくなり、他のメンバー以上に叱責が多くなり、いつしかそれがパワハラにまで発展していった……。

もちろん、その後、この部下がその上司に、例え求められたとしても、率直なフィードバックを伝えることはないでしょう。むしろ、上司の攻撃的なかかわりを恐れて、自分の想いを口にすることも少なくなるはずです。

こうしたうわべのコーチング（的なかかわり）が蔓延している組織では、立場的に下の人間が上の人間にコーチング的なかかわりをする、つまりはコーチングアップの土壌は生まれません。そして、コーチングアップの土壌がないために、現場や部下は「言われたこと以上のことをやろう」という主体性が生まれにくくなります。

私がメーカーに勤めていた２００７年のことです。私は一営業社員ながら、コーチングを学び、「営業商談でコーチングを活かし」実績を重ね続けました（コーチングは、特に営業現場、教育現場で目に見える効果が早く出ます）。

しかし、もちろん会社上司にはコーチングアップなどはできません。

「会社全体でコーチングが実行できればどんな変化があるのか？」と思いながらひたすら、目の前の「営業商談でコーチングを活かし続け」実績を上げ続けました。

そうすると、徐々に、先輩、上司とも信頼を得て対話できるようになりました（信頼を得て対話するには3年はかかりました。不器用な私でした。しかし、人と組織の成長に貢献したい、という想いがあり毎日ひたすら一社員として懸命に働いていました）。

コーチングアップとは、部下から上司の対話で、「私はこう思いますが、どうでしょうか？」と質問する

ことです。しかし、実績上げずして、また、組織人として貢献すべくことをせずしてコーチングアップ、問いを投げてもなかなか受け入れてくれる上司、組織は少ないと感じます。

「学生時代にコーチングを学んだが、組織に入るとティーチングばかり」と転職を繰り返す若年層も多いようです。

まずはコーチングアップの前提条件をクリアすることが重要と感じています。

新卒から20代の育成で、企業様へもっとも重要かつお伝えしたいメッセージは、「20代は一番成長が期待でき、自分の人生・キャリアを決める10年間」であるということです。さらには、「個々に与えられた以上の成果を生み出し、感謝を持ち組織に貢献する循環を創ることが何よりも重要」だと実感しています。特に、新卒から3年目は、コーチングアップできる人財をいかに創るかが重要です。

そんな人財育成に取り組み、変化変容するケースが増えてきています。

リーダーがコーチングもできるようになることと同時に、メンバーはコーチングアップができる前提条件を行えるようになる。そのどちらも行えたらベストです。そのために設計した戦略的な人財育成が必要になってきています。

私の話に戻りますが、当時の職場で営業成績を4年間向上させ、組織全体の企画、会議、後輩、事務の育成を自分なりに実行し続け、職場の上司、先輩に指導をいただき続けた結果、ある会食で上司にコーチングアップする機会に恵まれました。

「今の営業組織は、１００％を最高の状態とした場合、何％でしょうか？」
「何が変われば１００％に近づきますか？」

このように深い対話をすることができました。今でも昨日のことのように、このコーチングアップできた瞬間のことを覚えています。それがきっかけで、営業所内でコーチングをさせていただく機会をいただき、組織が６カ月でみるみる変わっていきました。月１回のメンバーが集まる飲み会が楽しくなり、営業所にかかってくる電話は積極的に全員が関わり対応し、営業所の企画では全員参画するようになりました。何よりお互いが一人ひとりに興味関心を持った対話ができるようになり、職場の空気が変わりました。営業成績が上がった以上に一生涯の関係になれたことが一番の財産です。そこを受け入れていただいた上司には今でも感謝しかありません。

すでに十年以上前のことですが、今振り返ってみても、私のコーチングアップを受け入れてくれた時点で、元勤務先上司には自チームにコーチングを取り入れるという人間性としての器、また組織風土があったということが言えます。

とはいえ、「上司は簡単には変えられない。だったら、部下が変わるしかない。俺もそうだった。少しくらいうまくいかなくても歯を食いしばって頑張れ！」と、部下にエールを投げたくなる方も多くいらっしゃるかもしれません。しかし、人材の流動化が高まってきた昨今、能力のある人財は、合わない上司との関係

性を構築していくよりも、より自身の能力発揮に見合った組織に集まっていきます。

つまり、うわべだけのコーチングが蔓延した組織や、コーチングアップの機会が欠如した組織では、コーチングが根付かないばかりか、組織の衰退にまで向かいかねないのです。

「コーチングアップをしてくれる部下をどう創るか？」
「コーチングアップしたい上司とはどんな上司か？」

そして、これらが実践できると、あなたの組織にどんな変化が生まれるか、ぜひ想像してみてください。

ここまで、組織にコーチングが根付かない３つの理由をお伝えしてきました。コーチングの実践の場を提供する企業の代表である私が、このようなことを冒頭から申し上げるのは、少々勇気が必要です。しかし、こうした現実をまずしっかりと見据えたうえで、持続可能なコーチングの情報提供をさせていただくことこそが本書を出す目的の一つです。

コーチングは、目標達成に向けた対話の１つの手法です。

相手の持っている能力や強みを発揮し、例えば次のように未来に向けた可能性の問いを繰りだし、自らの意思でポジティブに変化していくことを目指します。

【過去から現在への問い】

「過去から今までで夢中になり楽しかったことは？（仕事でもプライベートでもｅｔｃ）」

【未来への問い（過去から現在を知った後に）】

「自分の特徴、強みを活かして、何を実現したいか？」

「実現するとどんなことが得られるか？」

「誰に感謝を伝えたいか？」

【未来から今の自分への問い】

「実現している自分から今の自分へ、どんなことを伝えたいか？」

【振り返りの問い】

「ここまで自分の言葉で自由に話をして、気づいたことは何か？」

※上記フローは、相手と状況によって、もちろん対話の仕方は変わります。あくまで一例です。

リーダーはその人の強みをたくさん知り、特徴を知り、メンバー自身しか持っていない可能性を認めていき、日々知ることが重要です。

それをせずして、業務対話のみであれば、なかなか熱意が上がりません。

好奇心を持ち、聞いて、認めて、その人の可能性を知っていく、１on１コーチングの時間は、その人にたくさん自ら対話してもらうのです。

もちろん皆さんの組織の社員は一人ひとり違った特徴と想いを持っています。

この人しかない特徴と未来への想いを知った中で、仕事の対話をするとどんな可能性があるかをぜひ考えてみてください。

目標達成に向け、もう１つの対話手法であるティーチングとともに、場面に応じて明確に使い分けて、組織全体をうまく機能させていく必要があります。第３章からは、こうしたコーチングの活用方法や価値をご紹介していくことで、皆さんの企業に、実践型コーチングを根付かせていくヒントにしていただけたら幸いです。

コーチングは決して万能ではありません。しかし、実践し続けることで、必ずや持続可能な組織づくりに寄与することができるのです。

第1章 コーチングを持続可能にする基盤

合力知工
福岡大学 商学部 教授

❶ ビジネスにおけるコーチングの役割

企業は営利団体ですので利益を上げていかなければなりませんが、特に、働くこと自体が生活の一部になっている日本企業においては、利益を上げることと同時に、そこに働きに来る社員たちが「働く喜び」を感じられるような環境を彼ら（彼女ら）に提供する必要があります。もちろん、これは道義的な責任などではありません。企業は営利団体ですので、利益を度外視して社員に「働く喜び」を感じさせることなどは理に反しており、それは本末転倒です。社員に「働く喜び」を感じさせることは「道義的」にではなく、「戦略的」に重要な意味を持っているのです。

我々は日常生活において、誰でも不快に過ごすことよりも、快適に過ごすことを求めているでしょう。しかし、快適に過ごすということは意外に難しいものです。例えば、「一日中何もしないでソファに横になって過ごせたらどんなに快適だろう」とイメージする人は多いかもしれません。しかし、実際にそれをやってみた後、多くの人は次のように感じるのではないでしょうか。「『ただ何となく過ごす』というのも不快ではないが、快適でもない」と。ダラダラと過ごした一日の終わりには、「もっと何かできたかもしれない」という後悔と底知れぬ倦怠感が待っています。残念ながら、そこには「快適さ」や「喜び」ではなく、「後悔」や「気だるさ」が生じるはずです。

我々が快適と感じるのは、例え小さな事柄でも何か思い通りにいったときや、何かを成し遂げたときなどではないでしょうか。そして、そこにはきっと「喜び」が伴うはずです。一日の終わり、今日できたいろいろなことに満足し、時には感謝の感情も湧いてきて、気分良く明日を迎えられるはずです。

日常生活の中で我々はあまり意識していないかもしれませんが、実は、一日をどのように過ごすか、つまり、一日を不快に過ごしたり、ただ何となく過ごしたりする人と、快適に過ごす人とでは、「生産性」に大きな違いが出ています。このことを良く理解しているトップマネジメントおよび部門管理者は、この考え方を企業活動にも取り入れ、道義的責任という発想ではなく生産性の観点から、社員が「働く喜び」を感じられるような工夫を施し、「利益の極大化」につなげています。

ただし、この場合、気をつけなければならないことがあります。それは、**決して利益の極大化を最終ゴールにしない**ということです。**企業にとって利益は重要です。しかし、重要であるということと、それを最終ゴールにするということは別の問題です。**

利益の極大化を企業の最終ゴールに据えている企業の多くは、目先の経営環境の変化や競合企業の動きに囚われ、それに対応するために社員を指示・命令で雁字がらめにして「機械の歯車」のように扱いがちです。例え社員の「働く喜び」を意識していたとしても、それは最終ゴールとしての利益を極大化するための手段としてしか考えられていないために、経営環境の変化とともに、意識の外に追いやられてしまいます。しかし、多くの場合、このような状況に置かれた社員のモチベーションは下がり、企業が意図していることとは逆の方向にいってしまいます。

一方、社員たちが「働く喜び」を感じられるような環境を彼ら（彼女ら）に提供できている企業の多くは、経営環境の変化や競合企業の動きに右往左往することなく、徹底的に社員が「働く喜び」を感じられるような刺激を提供し続け、その能力を発揮させています。すると何が起こるか。個人の生産性が向上し、組織全体の利益（組織の生産性）が上がっていくのです。社員満足と利益（生産性）との間の相関関係については「ポジティブ心理学」や「脳科学」の多くの研究が明らかにしているところであり、本章と第2章をお読みいただければ、その構造についてご理解いただけると思います。すなわち、社員満足が下がれば利益も下がり、社員満足が上がれば利益も上がるのです。

（1）誘因があるからヒトは貢献する

ピーター・F・ドラッカー氏は、その著作『現代の経営（上）』や『マネジメント（下）―課題・責任・実践』の「目標による管理と自己統制（Management by Objectives and Self-Control）」の章で、経営管理者の役割をイソップ寓話の「3人のレンガ職人」をモチーフとして、「3人の石切り工」に例えて説明しています（注4）。

ドラッカー氏は、企業のメンバーはそれぞれ異なった貢献の仕方があるにせよ、その貢献は共通の目標に向かっていなければならない、そして、経営管理者の成果は、企業全体の成功にどれだけ貢献したかによって測定される、としています。しかし、企業が目標による管理を行うことは容易ではなく、組織には経営管理者を間違った方向へ導くような4つの強力な要因（①経営管理者の仕事の専門分化、②経営陣の階級化、③階層ごとの仕事の孤立化、④経営陣の報酬構造）が含まれている、とドラッカー氏は言っています。

「3人の石切り工」の話は、①の「経営管理者の仕事の専門分化」のところで出てきます。同じ石切りの仕事をしている3人がそれぞれ何をしているのかと聞かれた際、第一の男は、「これで暮らしを立てているのさ」と答え、第二の男は、金槌で打つ手を休めず「国中で一番上手な石切りの仕事をしているのさ」と答

注4：P・F・ドラッカー著／野田一夫監修・現代経営研究会訳（1965）『現代の経営（上）』ダイヤモンド社、177-178、P・F・ドラッカー著／野田一夫・村上恒夫監訳（1974）『マネジメント（下）―課題・責任・実践―』ダイヤモンド社、87-88頁。

え、第三の男は、その目を輝かせ空を見上げながら「大寺院をつくっているのさ」と答えます。

ドラッカー氏は、第三の男こそが「真の経営管理者」であるとし、第一の男は「仕事から何を得たいか知っており、それをとにかく首尾よく得ようとしている。一日の賃金に対して一日の仕事をしている。彼は経営管理者とは言えないし、今後もそうなることはないだろう」としています。そして、第二の男を最も危険であると見ており、「熟練した技能は確かに大切ではあるが、それが組織全体のニーズとマッチしていなければ貢献どころか問題である」とし、技術革新とともにこのような経営管理者が増えることを懸念しています。

端的に言うと、第一の男はカネ、第二の男はスキル、第三の男はミッションを重視しているということになるでしょうが、**カネであれ、スキルであれ、ミッションであれ、脳科学的に見れば、これらはすべて脳の「報酬系」を刺激する「報酬」です。**それぞれの報酬の大きさや持続性については、個人差はありますが、「報酬への意味づけ（獲得した報酬が自分にとってどのような意味を持つかということに関する認識）」が大きく影響することがわかっています。そして、この「報酬」が個人のモチベーションに大きく関わっています。

『経営者の役割（The Functions of the Executive）』を著したC・I・バーナード氏は、どんな組織にも、**組織と個人の間には「誘引と貢献の交換」の関係がある**ことを見出しました。そして、もちろん「報酬」も「誘引」のなかに含まれます。

バーナード氏によれば、どんな組織も、その均衡を保つには、この「誘引と貢献の交換」の関係を「誘因≧貢献」にしておく必要があるといいます。さらに言えば、組織が均衡を保つだけでなく、「生産性」を上げるためには「誘因＞貢献」とする必要があります。

誘因（Inducement）と貢献（Contribution）の交換

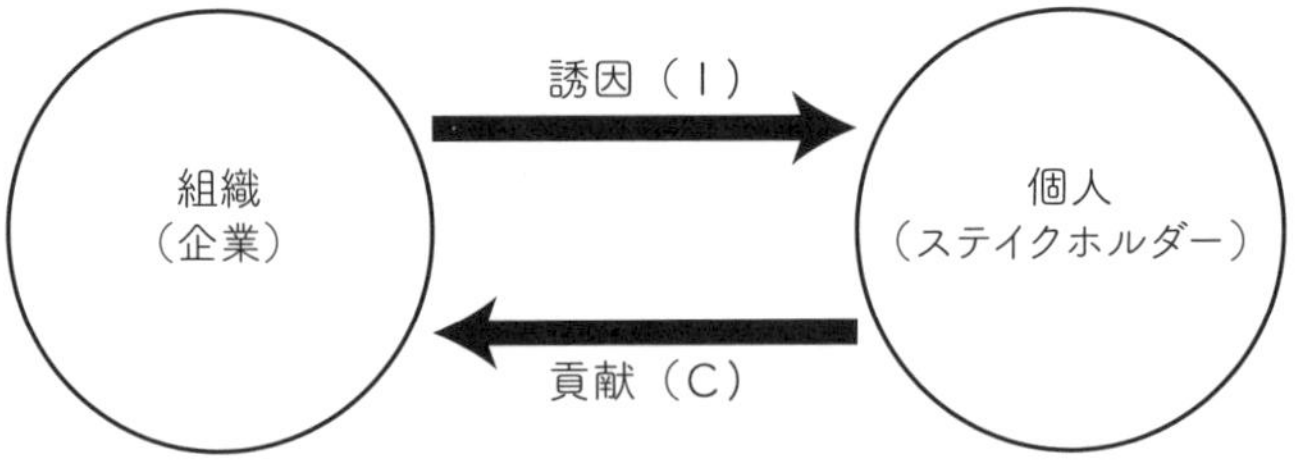

I ＞Cの場合　個人は組織に対し、積極的に努力を提供する
I ＝Cの場合　個人は組織に対し、消極的ではあるが、努力を提供し続ける
I ＜Cの場合　個人は組織に対し、努力の提供を停止する

企業にはさまざまなステイクホルダー（利害関係者）がいますが、企業は各ステイクホルダーとの間に、上述した「誘因と貢献の交換」を行っています。**企業は個人の貢献を獲得するために、常に魅力的な誘引（報酬）を各ステイクホルダーに対して提供し続けなければなりません。** 組織内の社員だけでなく、組織外の顧客、株主、一般社会などすべてのステイクホルダーに魅力的な誘引を提供し、その貢献を獲得していく必要があるのです。

よく「顧客満足を重視しなさい」とか「株主満足が大切だ」などと言われますが、どれか特定のステイクホルダーのみを満足させても、企業の成長は持続可能とはなりません。すべてのステイクホルダーに魅力的な誘引（報酬）を提供し続けて、その満足（エンゲージメント(注5)）を獲得する必要があります。

そして、その魅力的な誘引の提供に大きく関わっているもの、それは各ステイクホルダー間で行われるコミュニケーションであり、各ステイクホルダーとのコミュニケーションをどのように形成していくかが組織の存続に大きく影響しています。

注5：エンゲージメントとは「組織や職務との関係性に基づく自主的貢献意欲」を意味する。

企業と主要ステイクホルダーとの「誘因と貢献の交換」(注6)

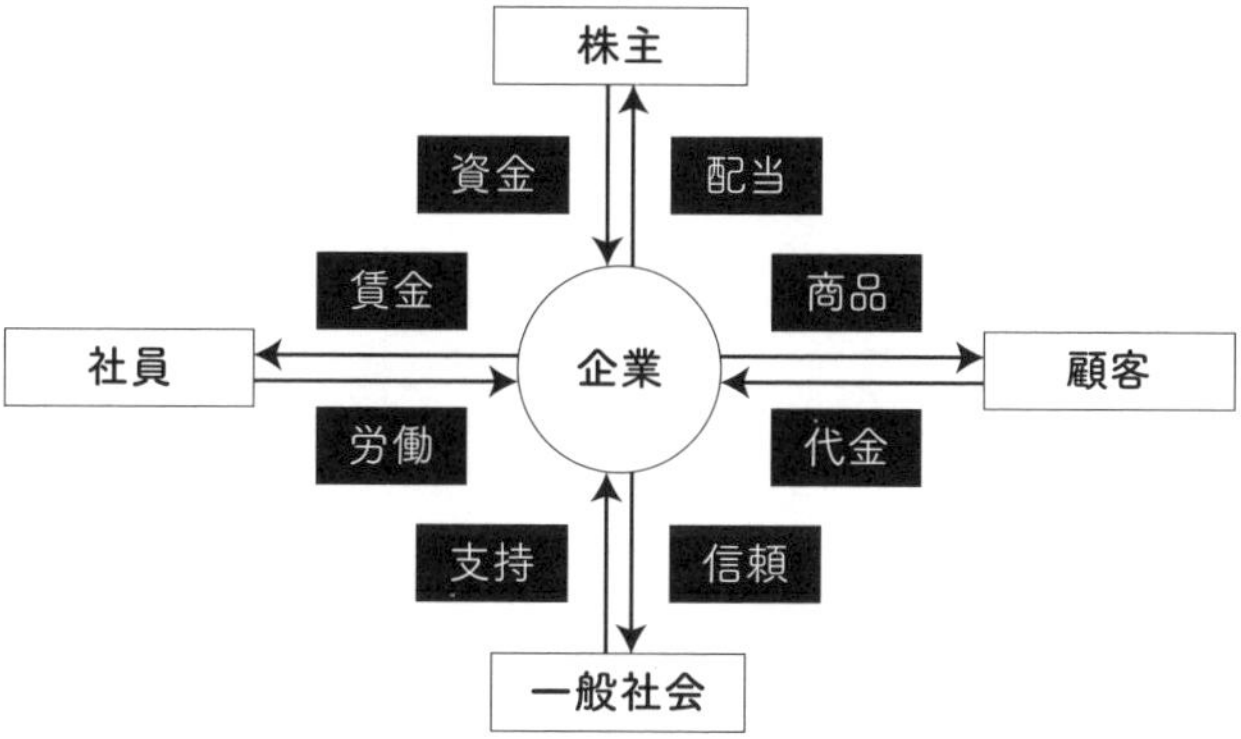

企業にとって製品やサービスの質の良さが重要であるのは言うまでもありませんが、一般顧客のロイヤルティを高めて優良顧客にグレードアップするのにも、株主に持続的に投資を促すのにも、一般社会から尊敬され続けるのにも、コミュニケーションが大きく関与しており、この**良好なコミュニケーション形成に役立つものがコーチング**なのです。

（2）上司と部下との良好な関係とは

日本は、1990年代以降、いわゆる「失われた20年」を経験しましたが、それをもたらした主因の一つに「日本の生産性の低さ」が挙げられることが多々あります。この時期、米国がICT（情報通信技術）革命によって労働生産性を大きく高めたのに対し、日本ではICT投資が相対的に低く、それが日本の生産性の低さの要因とする見方が多くありますが、そうしたICT投資を今後活発化させたとしても、**日本企業の「上司と**

注6：ここに示した誘因は、代表的なものに過ぎない。例えば、賃金以外に社風や働きがいなどを誘因として労働を提供する社員もいるだろうし、配当以外に企業の将来性や経営者の仕事に対する熱量などを誘引として資金を提供する株主もいるだろう。

部下」の関係が見直されない限り、生産性は高まらないであろう、というのが本書の見解です。それに気づいて、そもそも「上司と部下」の関係を作らない「ホラクラシー組織（注7）」などのフラットな組織構造を採用する企業も増えており、確かにそれも社員の「自発的・主体的行動」を引き出す方法の一つであると言えますが、ここでは、いわゆる一般的なヒエラルキー（ピラミッド）組織において、「上司と部下」の間に良好な関係をもたらすコミュニケーションをいかに形成していくか、という視点で考えたいと思います。

一般的に、上司と部下との関係は、「上から下への一方通行」になってしまうことが多い傾向にあります。上司たる管理者には現場経験者も多く、彼ら（彼女ら）は自らの現場経験に、外部環境の変化に関する新たな知識を加えて、部下に適切な指示や命令を行おうとします。いわば「ティーチングスタイル」の管理者ですが、多くの管理者はこの「ティーチングスタイル」オンリーの伝達手段を採用しようとするようです。そして、こうしたスタイルの上司は、部下に対してティーチングさえキチンと行っていれば、部下も適切に職務を遂行し、結果として生産性が向上すると信じています。

もちろん、足りない知識を付与する場合や緊急時などティーチングが必要な場面もあります。しかし、多くの場合、ティーチングのみでは生産性は上がりません。では、その可否に大きく影響を及ぼしているものは何か。それは、上司と部下との間に「良好なコミュニケーション」が形成されているか否か、引いては、部下の行動が「自発的・主体的」になっているか否か、ということです。

良好なコミュニケーションが形成されていない状況下での支持・命令は、「従業員」のモラール（士気）

注7：役職ではなく、役割によりガバナンスが行使され、指示・命令ではなく、メンバーが主体的に問題の解決やアイデアの創出を行う組織

を減少させる危険性が高いと言えます。**どんなに適切な指示・命令であっても、受容側の部下に受け入れ態勢が整っていなければ、それはうまくは機能しない**でしょう。コミュニケーションが良好でないということは、部下の状態を把握できていないということを意味します。受け入れ態勢が整っていない状況下でも、指示・命令を実行する部下も多くいます。しかし、そこでは「自発性・主体性」が薄いために、差別化されたアイデアに基づいた商品やサービスが創出されることは少なく、それどころか業務にミスが発生し、作業効率が悪くなるような状況に陥り、当然、生産性が向上する可能性も低くなります。結果として、満足度よりも不満の方が募っていき、モラールが減少していくのです。

上述したように、バーナードは、この点に関して、組織がメンバーから生産的な貢献を引き出したいのであれば、組織はそのメンバーに対し、彼ら（彼女ら）が満足するだけの誘因（報酬）を提供し続けることを提示しています。ここで組織から提供される誘引は、単に「成果を通じた分配（主として、金銭的報酬）」のみではなく、「コミュニケーションを通じた分配（自発的・主体的職務に携われるなどの非金銭的報酬）」も必要です。

では、上司が部下との間に良好なコミュニケーションを形成するにはどのようにすればよいでしょうか。ティーチングのやり方に工夫を凝らすことなども考えられますが、コーチングを駆使することにより、コミュニケーションの質を向上させることも可能です。つまり、コーチングは、良好なコミュニケーションを形成する有益な手段であり、上司と部下との間に「良好なコミュニケーション」を形成させ、部下の行動を「自発的・主体的」に導くことができるのです。

どんなに立派な戦略や計画であっても、それを実際に行動に移すのは現場の社員です。そして、現実的に社員は計画通りに動くわけではありません。社員一人ひとりには、得手不得手があります。また、個々人の欲求や感情が作業効率に大きく影響を及ぼします。全員に同じ行動を期待すること自体に無理があるのです。

したがって、経営管理者には、業務に関する知識以上に「部下についての知識」が必要です。「部下はどうやれば、アイデアや計画を実行に移せるのか」「部下が自発的に情熱を持って仕事に熱中するようになるにはどうすればよいか」などについて、一般的な「コミュニケーション論」ではなく、眼前の自分の一人ひとりの部下についての知識とそれを活用する知恵が必要です。業務に関する知識や知恵についてはティーチングによって伝授できたとしても、個人に関する知識を収集するのはティーチングでは無理があり、ここにもコーチングの効用があるのです。

重要なことは、**上司が部下に命令を下して、例え行動が起こったとしても、それが積極的なもの、すなわち「自主的・主体的」なものでなければ、生産性へとは繋がらない**という点です。生産性向上の必須要件は、行動が「強制的・従属的」になっているのではなく、「自発的・主体的」になっているということです。逆に言えば、行動が「自発的・主体的」になれば、生産性が向上する可能性は大きく広がるのです。

(3)ビジネスにおけるコーチングの役割

ビジネスにおけるコーチングは、社員が「働く喜び」を感じられるような環境を整備するうえで重要な手法となります。なぜなら、それは企業の組織メンバー一人ひとりの潜在能力を本人たちに気づかせ、その力を最大限に発揮できるように促すことを目的とするからです。人は自らの力を最大限に発揮できるとき「働く喜び」を感じます。そして、その結果として、組織の生産性が上がることになります。つまり、**コーチン**

グの目的は「組織の生産性向上」ではなく「個人の能力の醸成（注8）**」であり、コーチングの結果として醸成された個人の能力が結集し、組織の生産性が向上する**のです。「組織の生産性向上」を目的とするか、「個人の能力の醸成」を目的とするか、この優先順位の認識は非常に重要です。

「組織の生産性向上」を第一と考える企業は、コーチングによる「個人の能力の醸成」が計画通りに進まない場合はもちろんのこと、うまく進んだとしても、自らを取り巻く外部環境の変化、例えば、市場（顧客）ニーズの変化、競合企業の戦略転換、AIやロボットの進化などに反応し、より効率よく生産性を向上させようとし、コーチングを軽視あるいは廃止してしまうかもしれません。

しかし、企業を取り巻く環境がどのように変化しようとも、「良質のコーチング」が真に根付いて浸透していれば、コーチングの効用が失われることはありません。なぜなら、コーチングの対象は「ヒト」であり、ヒトは企業経営において絶対的に重要な要素だからです。一般に、経営資源として「ヒト、モノ、カネ」が挙げられますが、本来、ヒトとモノとカネをこのように同列標記することは間違いです。正しくは、「ヒト」と「モノ、カネ」でしょう。

「Just in Time System」は、生産管理システムとしては多くのメリットがあります。しかし、これを人事管理制度に援用すれば、すなわち「必要なヒトを、必要なときに、必要なだけ」を実践すれば、デメリットの方が大きい。その最大のデメリットは、そこには「心と心の繋がり」すなわち、コミュニケーションが形成されないということです。

ヒトはヒトであり、モノでも機械でもありません。一つの人格であり、単なる部品ではない。ヒトには無

注8：（コーチングにより）自らの目標や強みに気づき、主体的に能力がじわじわと形成されていくこと

限の可能性があり、そのヒトの潜在能力を喚起できないのは、企業の工夫が足りない、ただそれだけのことです。産業構造のせいにしてはなりません。不況のせいにしてはならないのです。

繰り返し言うように、ヒトの「働く喜び」には、ヒトの潜在能力を引き出すうえで絶大なパワーがあります。ヒトたる社員が「働く喜び」を感じることは、企業にとって大きなメリットになるのです。しかし、モノでは、機械では、部品では喜びを味わえません。

ヒト（社員）の無限の可能性を重視することの例え話に、「有能なエグゼクティブは書けないペンを捨てない」というものがあります。

「ペンケースには、黒や赤、黄、緑など、さまざまな色のペンが入っており、それぞれの色に合わせた使い方がなされる。あなたはそのペンを次々に使って、紙に文字を書いたり、絵を描いたりしている。ある時、あなたがある1本を手にして紙に文字を書こうとしたとき、何も文字が書けなかった。通常であれば『このペンはもう使い切ってしまった』と考えられ、このペンは捨てられてしまうだろう。だが、有能なエグゼクティブはここで簡単には捨てない。別の可能性を考える。

通常、文字は白い紙に書かれる。紙といえば白色…これは常識的な考えであるが、実は、紙は白色ばかりではない。有能なエグゼクティブは、紙の色を変えてみるのである。例えば黒色に。すると書けないと思っていたペンで、黒色の紙に文字が書けた。**白色の文字で鮮やかに**」（注9）。

注9：合力知工（2010）『「逆転の発想」の経営学：理念と連携が生み出す力』同友館、121-122頁。

確かに白いペンは、白い紙の上では「書けない」ように見えます。しかし、それは色のついた紙の上では鮮やかに効果を発揮するのです。見識のあるエグゼクティブは、ペンケースに並んでいる「書けないペン」を決して捨てはしません。なぜ書けないかを考え、書けるような環境を整備するのです。

予算や利益という数字でしか経営を見ることが出来ない人は、「書けないペン」をすぐに捨ててしまいます。「使えない」と決めつけ、「なぜ書けないか」を考えようともしません。そして、「白い紙で使えるペンだけの使い道」を考えます。「紙の色さえ変えれば、計り知れない能力を発揮するかもしれない白いペン」の存在に気づかずに。

多くの企業は「白い紙」を変えずに、「書けない」と思われるペンをすぐに捨てようとします。しかし、「白い紙」を変えることによって、「書けない」と思われたペンの活躍する場はいくらでも作り出せるのです。「なぜ書けないか」という理由を探るうえでも、「白いペンの使い道」を見出すうえでも、コーチングは非常に大きな役割と効果を発揮します。

「白い紙」とは、組織のハード面（設備関係）とソフト面（人間関係）の両方を意味します。組織が変わることにより、社員は劇的に変わり、変化した社員は、市場（顧客）ニーズの変化に対応するだけでなく市場自体を創造し、競合企業の戦略がどのように転換しようともそれらとは差別化した戦略を策定し、AIやロボットでも実行することのできない細やかさなどを発揮する可能性を秘めているのです。

では、「個人の能力の醸成」による「働く喜び」すなわち社員満足がなぜ「組織の生産性向上」をもたらすと言えるのでしょうか。ここでそれを示唆する2つの理論について紹介しましょう。

1994年、ハーバード・ビジネス・スクールのジェームズ L．ヘスケット氏らは、「サービス・プロフィット・チェーン」という考え方を提唱しました。これは「人財育成を含めた、上質の組織デザイン（内部サービス）が社員満足の充足へと繋がり、社員満足が社員の定着率と一人当たりの生産性を高め、それが顧客サービスの質の向上へと繋がり、上質の顧客サービスが顧客満足を生み出し、それが顧客ロイヤルティ（注10）へと繋がり、顧客ロイヤルティは企業に収益をもたらし、そこで生じた収益がより上質な内部サービスとより高い社員満足に繋がっていく」という一連の流れを意味します。また、ヘスケット氏らは、より上質の内部サービスとより高い社員満足に繋がっていくのは収益だけではなく、顧客満足や顧客ロイヤルティ自体にもそのような効果があるということも指摘しています。

また、臨床心理学者であったフレデリック・ハーズバーグ氏は、仕事における満足度は、ある特定の要因が満たされると上がり、不足すると下がるというものではないと考え、仕事において「満足をもたらす要因」と「不満をもたらす要因」とは異なるということを示し、前者を「動機づけ要因」、後者を「衛生要因」とする「二要因理論」を提唱しました。

「動機づけ要因」には、仕事の内容、自己成長の可能性、能力の醸成、責任範囲の拡大、達成感、承認、信頼などがあり、「衛生要因」には、会社方針や職場環境、給与、福利厚生、管理方法、作業条件などがあります。なお、「衛生要因」が満たされれば社員のモチベーションが上がるかというとそうではなく、社員のモチベーションを高めるには、「動機づけ要因」への刺激が不可欠です。一方、「衛生要因」が満たされない状態で「動機づけ要因」だけを増やしても、社員のモチベーションは上がらず、むしろ不満が高まっていきます。つまり、「衛生要因」の充足は、社員のモチベーションを上げるための前提条件と言え、不満要因

注10：顧客ロイヤルティとは、顧客が商品・サービスに対して感じる「信頼」や「愛着」を意味する。ロイヤルティが高いほど、リピーター行動も頻繁になる。

である「衛生要因」を満たしたうえで、満足要因である「動機づけ要因」をいかに充足させていくかが重要となるのです。

以上のように、ヘスケット氏の「サービス・プロフィット・チェーン」理論は、社員満足が組織の生産性を向上させるということを示唆しており、ハーズバーグ氏の「二要因理論」は、「衛生要因」を満たしたうえで、能力の醸成など「動機づけ要因」が満たされると社員満足は高まるということを示唆しています。こうした理論だけでなく、多くの企業の実例からしても、「個人の能力の醸成」によって形成された主体的な社員満足が「組織の生産性向上」をもたらすということは「真」であると言えるでしょう。その詳細なメカニズムについては、本章第4節「持続可能なコーチングに不可欠の幸福感」と第2章「脳科学に基づくコーチング」で触れたいと思います。

「衛生理論」や「動機づけ理論」を踏まえた上質の内部サービスによって社員満足が高まると、社員がそれに応えようとして創意工夫をし、熱意と誠意をもって顧客に接しようとします。そして、顧客がその商品やサービスに満足すると、顧客が顧客を呼び、そこに市場が形成されます。市場が形成されると社会が潤い、企業に収益がもたらされます。企業に収益がもたらされると株主や税収の入る国や自治体が喜びます。

このように、社員満足の充足が徹底化されると、企業だけでなく国や地域も潤い、「喜びのサービス・プロフィット・チェーン」が生まれるということになりますね。

❷ コーチングを持続可能にする基盤

さて、前節で、「白い紙」の色を変えることによって、「書けない」と思われたペンの活躍する場はいくらでも作り出せる、と述べましたが、これにはエグゼクティブの「考え方（パラダイム）」が大きく関わっており、かつ、それは非常に重要な視点です。コーチングの目的を「組織の生産性向上」とするか「個人の能力の醸成」とするかも、コーチのパラダイム次第ということになりますよね。

　つまり、コーチングを持続可能にし、その結果として生産性の向上を持続させるためには、このパラダイムが非常に重要であり、**コーチがどのようなパラダイムを持っているか、すなわち、一律的ではなく、固定観念にも縛られない、柔軟かつ多面的な考え方ができるかどうかということが、コーチングの成否を決める大前提になる**と言っても過言ではありません。

　京セラ・第二電電（現・ＫＤＤＩ）の創業者であり、日本航空の名誉会長である稲盛和夫氏はその著作『生き方』において、人生をよりよく生き、幸福という果実を得るための「方程式」を提唱しています。それは「人生・仕事の成果＝考え方×熱意×能力」というものであり、この３つの要素の中でも特に「考え方」が重要であるとしています。熱意や能力はゼロになってもマイナスになることはありませんが、考え方はマイナス（ネガティブ）になることもあり得るからです。この方程式は掛け算であるので、いくら強い熱意があり、どんなに能力に恵まれているとしても、考え方の方向が間違っていると、見事なまでにネガティブな成果を招いてしまう。つまり、この方程式に従えば、持続可能なコーチングができるコーチは、熱意や能力だけでなく、「良い考え方」も求められるということになるのです。

　では、「良い考え方」とはいかなるものか。稲盛氏は「プラス（ポジティブ）の方向」の考え方として、「つねに前向きで建設的であること。感謝の心をもち、みんなといっしょに歩もうという協調性を有していること。明るく肯定的であること。善意に満ち、思いやりがあり、やさしい心をもっていること。努力を惜しまないこと。足るを知り、利己的でなく、強欲ではないこと」などを挙げ、「これらのことをけっして軽

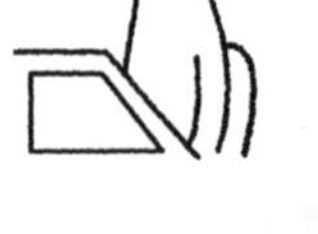

視せず、頭で理解するだけでなく、体の奥までしみ込ませ、血肉化しなくてはいけない」としています（注11）。

稲盛氏は1997年に、京都の円福寺で得度を受けており、その影響もあってか、彼の主張の随所に「禅の考え方」を見て取れます。上述した考え方も例外ではありません。人として「よい心」を持つ生き方が何より大切であり、それを実直に繰り返すことにより、人生の成果も高まると彼は説いています。

ここでは、持続可能なコーチングの基盤の一つとして、稲盛氏の「考え方（パラダイム）」に影響を及ぼしている「禅的思考」について、簡単に触れておきましょう。

稲盛氏だけでなく、アップルの創業者スティーブ・ジョブズ氏、グーグルの大躍進の立役者である元CEOエリック・シュミット氏など、世界のリーダーたちが「禅」を学び、経営に取り入れていますが、特に、スティーブ・ジョブズ氏は禅の信仰が深かったことで広く知られています。

曹洞宗徳雄山建功寺住職である枡野俊明氏は次のように言っています。「スティーブ・ジョブズがヒッピーだった頃、サンフランシスコの禅センターで、曹洞宗の乙川弘文（おとがわ こうぶん）僧侶に出会います。彼はボロボロの格好をして、迷って悩んでいた。ジョブズは乙川老子に出会い、禅の考え方を学ぶと、気持ちがクリアになり、起業を決意したといいます。禅の考え方は足し算ではなく、引き算。多くの企業は〝便利なものを付加する〟ことで価値を生み出しているように思いますが、アップルは簡素の美。誰でも使えるシンプルさで、絶対に必要なものだけを残していくという考え方で、これこそまさに禅の考え方です。

注11：稲盛和夫（2004）『生き方：人間として一番大切なこと』サンマーク出版、26-27頁。

京セラの稲盛さんも禅僧になられて、それを経営に生かされましたね」(注12)。

現在、アメリカでは、オフィスに禅ルーム（瞑想する部屋）を作る企業が増えているといいます。ビジネス界でも注目されているマインドフルネス瞑想は、禅的思考に影響を受けた「今に集中する」ための瞑想法と言えるでしょう。枡野氏は続けます。「禅を意識した生活を送ると、集中力が高められます。仕事は質・量ともに高まっていき、短時間で仕事が片付くようになります。スポーツでも勉強でもよい結果が出る。そして、常に正しい判断ができるようになります。直観力が上がるのですが、これは経験工学の力でもあります」(注13)。

それでは、以下に、枡野氏の著作『リーダーの禅語』から、特に、持続可能なコーチングの基盤として重要であると考えられる「禅語」をいくつか紹介しましょう。

同著では、リーダーが備えるべき力を、「風格（存在そのものが威厳に満ち、しかし傲慢ではなく、振る舞いは常に謙虚であること。ジム・コリンズ氏の著作『ビジョナリー・カンパニー2―飛躍の法則―』に出てくる《第5水準のリーダー：謙虚だが意志が強く、控え目だが大胆》が備えている性質をイメージするといいかもしれません）」、「育成力（部下を一人前に、さらに共に力を合わせて仕事を遂行するパートナーに育て上げる力）」、「平常心（何があっても動じず、それでいて何事にも臨機応変に対応できる柔軟性を持ち、冷静に行動すること）」、「行動力（大所高所から物事を見て判断し、自ら率先して迅速かつ的確に行動する力）」、「信頼力（社内外のあらゆる人たちに「この人についていけば間違いない」と思わせるような力）」の

注12：東洋経済ONLINE「なぜ人間は純粋無垢な心で生きられないのか―枡野俊明住職に聞く「禅を学ぶ」ことの意義―」https://toyokeizai.net/articles/-/116495（2021/04/15）
注13：東洋経済ONLINE同上　http://toyokeizai.net/articles/-/116495?page=3（2021/04/15）

5つに集約し、これを身につけるために参考となる「禅語」が示されています（注14）。

現代のリーダーは忙しさに追われ、心にブレが生じ、適切なリーダーシップを発揮できないことも少なくありません。そこで、枡野氏は、物事の本質に迫り、仕事・人生の指南役となる「禅語」が役立つと言います。**どんなに情熱があり、どんなに能力が高いコーチであっても、環境が変化し、忙しさが増してくると、心にブレが生じ、効果的なコーチングができなくなってしまいます。**もちろん、コーチングを受ける側も同様です。

それでは、「ブレない心」をつくり上げるにはどうすればよいのでしょうか。以下に、コーチたるリーダーが「ブレない心」をつくり上げるのに役立つ禅語をいくつか挙げましょう。

◎「善悪難定（善悪《ぜんあく》定《さだ》め難《がた》し）」（注15）（風格）

「物事の善悪というものを、いまこのときに判断するのは難しい」ということを意味します。

いま眼前にある出来事やいま下す決断が善であるか、悪であるかを判断することは実はとても難しいことです。では、この判断を難しくさせているものは何か。それは「自分」です。「自分」から距離を置いた視点から、判断すべき対象を冷静に見てみると、善と悪が見えてくる、ということをこの禅語は教えています。

眼前の出来事や決断が善であるか悪であるかを「自分」という主語のみで判断するのは非常に困難です

注14：枡野俊明（2017）『リーダーの禅語』三笠書房、1－2頁。

注15：枡野俊明（2017）、16－19頁。

が、そこに行動の対象として「他者」という目的語を介在させると、分かりやすくなります。つまり、このように考えると、自分にとって利（自利）の有無は問題ではなく、「他者にとってプラス（利他）となる行動」が善であり、「他者にとってマイナスとなる行動」が悪ということになるでしょう。

本田技研工業（以下、ホンダ）の創業者である本田宗一郎氏は「**いつどこでも、自分のために行動しても、それが社会全体の意志や時代の流れに逆行することがなく、それにプラスするような自由人でありたい。自分の喜びを追求する行為が、他人の幸福への奉仕に繋がるものでありたい**」と常に言っており、次のような言葉も残しています。「行動には常に動機があり、目的がある。動機が正義であり、目的が善であって、その行動だけが悪だということは、人間にはあり得ない。行動を生む動機や目的は、その人間の哲学が組み立てるものだ。哲学が正しくなければ、正しい行動は生まれない。**行動という刃物が、利器となるか、凶器となるかは、その行動を支える哲学が正しいか否かによって決まる**のだと思う」。

行動はその行使の仕方によって、利器（善）にも凶器（悪）にもなります。正しい行動は身を守るだけでなく、社会の役にも立つことでしょう。しかし、誤った行動をすれば、他者を欺き傷つけ、結局は自らの身を亡ぼすことになります。では、正しい行動をするには何が必要か。本田氏は、それを「哲学」であると言い切っているのです。「利他」の哲学です。

ホンダは創業以来、社員の異質性・多様性を重視する経営を行っており、それが多くのアイデアを生み出し、ニッチ戦略（大手企業・先行企業がやらない「すき間」を狙う戦略）へと繋がっていきましたが、なぜその異質性・多様性はバラバラの方向に拡散しなかったのでしょうか。それは、上記の「哲学」がホンダに一貫して根付いていたからだと思います。どんなに面白く、どんなに奇抜なアイデアでも、「今現在あるいは将来を見越したとき、社会に害を及ぼすもの」は却下されました。どんなに便利な携帯電話でも、どんな

に興奮するゲームでも、もしそれが大人だけでなく子どもにも害を及ぼす可能性があるようなものであれば、ホンダにそれを作る技術があったとしてもそれらを作ることはしないでしょう。異質性や多様性は、「哲学」によって統一感を維持することができるのです。

「10年、100年経っても、いまやろうとしていることは善といえるか。自分の利害だけでやろうと判断していないか。そこに私心はないか。本当に世の中のためになるか。人々のためになるか」と自問自答し、「よし、大丈夫」という答えが出てはじめて「やろう」と判断するのがよいということです。これは、先の稲盛氏の考え方です。

コーチたるリーダーは、目先の損得は脇に置き、今取り組んでいることが、遠い未来にわたって世の中や人々の役に立つものであるかを真剣に考え、判断する必要があります。そして、コーチがこのような禅的思考を基盤にしてコーチングを行えば、それは決して途中で廃されることはなく、持続可能なものとなるでしょう。

◎「**大地**《だいち》**黄金**《おうごん》」(注16)(**風格**)

「自分が置かれている場所で精一杯尽くせば、その場所が黄金のように輝いてくる」ということを意味します。

黄金の大地は最初からどこかに存在するのではなく、自分が今いる場所で一生懸命に努力することにより、そこが黄金の大地になる、すなわち「天職」の場となる、ということをこの禅語は教えています。

注16：枡野俊明（2017）、24-27頁。

仕事の成果は、その仕事内容というよりも、自分の仕事をどう認識・解釈するかによって影響されます。イェール大学の心理学者エイミー・ウェズニスキー氏は、仕事の捉え方が業績に与える影響を長年にわたって研究し、その姿勢には「生活の糧を得るための労働」「専門職」「天から与えられた使命」という3種類に分けられるという結論に達しました。ウェズニスキー氏のこの研究結果は、上述したドラッカー氏の「3人の石切り工」を検証したことになるでしょう。

仕事を「生活の糧を得るための労働」と思っている人にとって、仕事は単なる作業であり、給料はそれに対する報酬です。働かなければ生活ができないので働いているのであって、仕事が早く終わることをいつも考えています。「専門職」と思っている人は、必要だから働くというだけでなく、技能を高めてさらに成功したいと考えていますし、仕事に多くの時間やエネルギーを投じますが、その努力のほとんどはたいてい自分自身のためです。それらに対し、「天から与えられた使命」と思っている人にとっては、仕事そのものが目標です。給料が得られるということよりも、その仕事が世の中のためになり、自分の強みを活かすことができ、仕事に意味や目的が感じられることで満足感を得るのです。

自らの仕事を天職と考える人は、仕事の大きなやりがいを感じているので、強制的ではなく、自らの意思で熱心に長時間働きます。結果としてその人たちは良い成果を上げることになります。

我々には自分の裁量で仕事に変化を加えることができないということが多々あります。そのような場合には、自分がやっていることにどんな意味や喜びがあるかを考えてみればいいよ、とこの禅語は語りかけます。つまり、どんな職業や職種に就くということが重要なのではなく、マインドセットをどのようにするかが重要なのです。例えば、ここに地元の小学校で働く2人の用務員がいます。一人は、毎晩掃除しなければならない汚れた教室のことを考えてうんざりしています。もう一人は、自分は子どもたちのための清潔で健

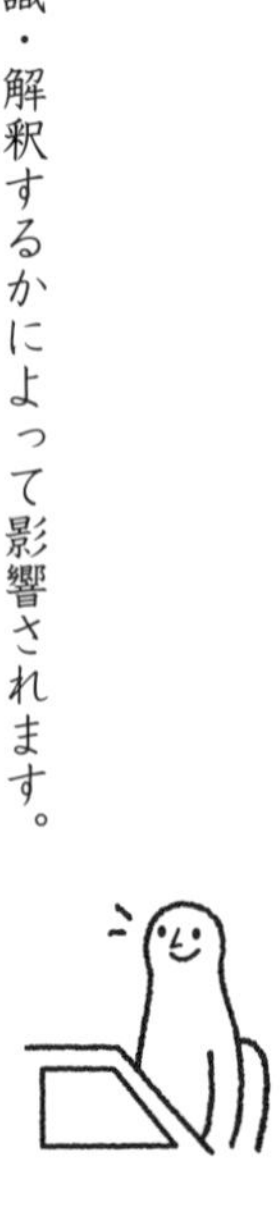

全な環境づくりに貢献しているのだと思っています。2人は同じ仕事をしているのですが、マインドセットの違いが、仕事に対する満足度、充実感、そして仕事の完成度に大きく影響を及ぼすのです（注17）。

コーチたるリーダーは、人生にあらかじめ理想的な形で用意されている職業・役職、あるいは、ありもしない「もっと自分に合う職業」を追い求めるのではなく、自分からやり甲斐を見つけて今目の前にある自分の仕事、部下の仕事を輝くものに変えていかなければなりません。いや、変えていかなければならないというより、変えていくことができる、という考え方の方が適切かもしれません。すべて自分次第ということです。

似た禅語に「**結果自然成**（**結果《けっか》自然《じねん》に成《な》る**）」（**行動力**）というものがあります。これは「結果というものは自然に出てくるものであって、人間の作為や思惑、計らいを離れている」という意味です。結果というのは、日々コツコツと努力を重ねているかどうかにかかっており、必ず何らかの努力の先に出てくるものです。

◎「**啐《そっ》啄《たく》同《どう》時《じ》**」（注18）（**育成力**）

「何かをするときの絶好のタイミング」を意味します。

「啐」とは、雛が卵の内側からコツコツと殻を叩いている状態で、「そろそろ外に出たい」という合図であり、「啄」とは、その音を聞いた親鳥が卵の外側から殻をつついてやることです。

注17：ショーン・エイカー著／高橋由紀子訳（2011）『幸福優位7つの法則：仕事も人生も充実させるハーバード式最新成功理論』徳間書店、111-113頁。
注18：枡野俊明（2017）、54-57頁。

コーチたるリーダーはいつも部下に自らの潜在能力に気づいてもらいたい、そしてそれを発揮してもらいたいと望んでいると思いますが、それを引き出す場合にもタイミングが重要です。人には「成長曲線」があり、常に直線的に成長していくわけではなく、必ず停滞期が訪れます。そこを抜けた瞬間に急カーブで上昇し、しばらくするとまた伸び悩んで…の繰り返しです。コーチが見定めるべきは、停滞期を抜ける瞬間であり、そのときにコーチングを施し、同時に難度の高い仕事を与えると、部下の能力は飛躍的に伸びます。つまり、コーチは部下にコーチングを行うなかで、彼らの「成長の合図」を的確に受け止める必要があるのです。

そうした「成長の合図」を的確に判断するためには、日頃から部下の状況を把握しておかなければなりません。そのためにはいろいろな方法が考えられるでしょうが、「一人ひとりの部下についてのデータベースを作る」というのはとても有効な方法だと思います。

ある一人の部下に関して、その人が「これまでどんな能力を発揮したか（どんなに本人が些細だと思っている能力でも）」「今、身につけたいスキルは何か」「何を強み（得意）とし、何を弱み（苦手）と思っているか」「今、どういう健康状態にあるか」、その人の「過去の成功体験はあるか、あるのであればどのようなものか」「家族がどういう状態にあるか」「将来の夢は何か」などのデータベースを作るのです。

こうしたデータベースを作るには、日頃から部下の仕事ぶりをよく観察しておくことがポイントとなり、より正確なデータベースを作るには本人との良好なコミュニケーションが不可欠です。部下との良好なコミュニケーションにより作成されたデータベースを有するコーチは、そのデータベースにより部下個々人の状態を正確に把握できるため、絶好のタイミングで部下にコーチングを行い、成長を促すことができるようになります。

このような禅的思考を基礎として有しているコーチほど、部下に対する傾聴力が高く、「集中的傾聴」「全方位的傾聴」をよりうまく行うことができるため、部下から「自発的・主体的行動」を引き出し、結果として、組織の生産性を向上させていくことが可能となります。

◎「一切《いっさい》衆生《しゅじょう》悉有《しつう》仏性《ぶっしょう》」[注19]（育成力）「柔軟心《にゅうなんしん》」[注20]（行動力）

「一切衆生悉有仏性」とは「生きとし生けるもの、森羅万象のすべてに仏性が宿っている」ということを意味します。

我々は、大いなる宇宙の真理たる「仏性」によって生かされています。つまり、我々は等しく「仏さまの心」を持った存在であり、この観点からヒトを見れば、ヒトを「色メガネ」でみることがなくなります。そして、どんな部下にも何かしらの強みがあるということを信じることができるようになります。

１９９０年代初めのバブル崩壊以降、多くの日本企業がヒトに対する見方を変えました。それまで日本経済をけん引してきた大企業は、「本業の創意工夫」では追いつかないくらいに大打撃を受け、「創造重視」から「コスト削減重視」の経営を行うようになりました。その結果、一番のやり玉に挙げられたのが「ヒト」です。人件費という固定費が企業にとって一番負担が大きく、これを削減することが、売上が伸び悩むなか利益を出す方法として最も即効性があったからです。

多くの企業、特に製造業では、労働者派遣法の緩和改正をうけ、「ヒトの効率化」を急速に進めました。

注19：枡野俊明（２０１７）、62－65頁。
注20：枡野俊明（２０１７）、１６０－１６３頁。

その結果、何が起こったか。ヒトはヒトではなく、モノとして扱われるようになりました。「ヒトをモノとして扱う」というのは本来あってはならないことですが、多くの企業はこれに疑問を感じることはありませんでした。「どの会社もやっていることだ。当然のことじゃないか。利益を確保するためには仕方がない。うちもやらなければ競争に負けてしまう」。

企業の危機感は非常によく理解できます。しかし、誰かの犠牲を伴わないと成り立たないようなシステムが社会全体を良くしていくはずがありません。ヒトの効率化で企業の利益が伸びたとしても、社会全体が良くなければ、その企業の存在意義はないのではないでしょうか。

すべての部下には「仏性」が宿っています。しかし、それを信じることができないから、上述したような状況が生まれてしまうのです。部下の強みに気づくには「思い込み」を捨てなければなりません。もし、コーチが根っこの部分で「頑固」という鎧をまとっていると、凝り固まったモノの見方しかできず、真のコーチングはできないでしょう。

しかし、もしコーチが「**柔軟心**《にゅうなんしん》──執着や偏見、先入観などの固定観念や思い込みをすべて手放した自由自在の心」という柔らかな衣を身につけることができたなら、一歩引いたところに身を置いて、広い視野で状況を見極めることが可能になるでしょう。

こうした禅語の考え方を持てば、コーチは部下の強みに気づき、部下もそれに気づくことができたなら、気づいた部下はモチベーションを向上させ、その潜在能力を顕在化させていくことでしょう。

コーチングの基本は、「聴く」「承認する」「質問する」「気づく（気づかせる）」「主体的行動を促す」ということであるので、能力の高いコーチからすれば、ここで記したことは「当然」ということになるかもしれません。しかし、その一連の行動が、「個人の能力の醸成」のためではなく、「生産性の向上」のための手法

としてのコーチングであれば、途中で廃されてしまうかもしれない、ということを敢えて強調しておきたいと思います。

以上のような**禅的思考がコーチングの基礎として根づいていれば、そうしたコーチングは一時的に人の行動を改善させるための単なるテクニックで終わることなく、長期的に人の行動を主体化させる手法として機能し続けることになる**でしょう。コーチングの基盤に、禅的思考があるかないかによって、コーチのパラダイムも変わり、その持続性も変わってくるのです。

❸ コーチングとティーチングの使い分け

さて、本章第1節において、ヘスケット氏の「サービス・プロフィット・チェーン」理論やハーズバーグ氏の「二要因理論」などにより、社員満足が組織の生産性を向上させるということを示唆していること、そして、コーチングを持続可能にするには、明確な「パラダイム（考え方）」の構築が必要であるということを述べ、前節では、その「パラダイム」の構築に影響を与える基盤の一つとして「禅的思考」を示しました。

禅的思考を一言で言い表すのは容易ではありませんが、禅の根本は「素直な気持ちでシンプルに考える」「今このときに集中する」ということであり、禅の考えを実践に移すことにより、心が軽くなり、気持ちが前向き（ポジティブ）になることは間違いないでしょう（注21）。

我々は、禅に限らず、心が軽くなり、気持ちがポジティブになると、「幸福感」が高まり、いま自分が携わっている業務を別の観点から捉え直そうとしたり、それまでできないと思っていたことに挑戦してみようという意欲がわいてきたりして、実際に、業務のミスが少なくなり効率性も上がったり、新しいアイデアを提案したりすることができるようになります。つまり、企業のなかにおいても、**社員のポジティビティが向上すれば、幸福感も向上し、結果として組織の生産性向上に繋がる**ということです。

「幸福感や楽観主義は、実際に業績を高め、優れた成果をもたらす」。これは多くの研究によりすでに実証されています。この研究は、特に「ポジティブ心理学」（注22）という分野で盛んに行われています。

企業経営、引いてはコーチングをポジティブ心理学の観点から考察することには非常に意味があります。例えば、マネジメントとリーダーシップにおいて、ポジティブ心理学的知見からは以下のようなことが言えます。

リーダーが組織メンバーと向き合う際、マネジメントを主体的に必要とする場面とリーダーシップを主体的に必要とする場面があります。マネジメントとは「目標を達成するための手段に関わる能力」であり、一

注21：禅は「実践の哲学」とも言われ、行動する意思さえあれば誰でも実践できる。これを習慣化することにより、心が軽くなり、ポジティブ思考になる。逆に、知っていても、それを実践しなければこうした効果はない。まさに王陽明の唱える「知行合一」であり、知ることと行うことは分離不可能であり、知って行わないのは、未だ知らないことと同じである、ということを心得ておくべきであろう。

注22：ポジティブ心理学とは「何が人を幸せにし、そして、幸せな人はどのような状態にあり、どのような効果を発揮するのか、についての実証研究」であり、「幸福感が個人および組織の生産性を引き上げる」というパラダイム（考え方）の科学的根拠の一つと言える。

方、リーダーシップとは「何を達成したいのかというビジョンを示し、そのビジョンの達成に向けてメンバーを鼓舞する能力」を意味します。

本来、マネジメントとリーダーシップの双方において、「幸福感」を念頭に置くことが望ましいと言えますが、現実には、マネジメントは「メンバーを管理する」場面が多いので、管理する方も管理される方も幸福感はあまり感じないかもしれません。しかし、少なくとも「不幸感」を漂わせてはいけません。「**不幸感**」**は業務に支障をきたし、結果、組織の生産性が下がることになる**からです。

業務には、Can業務、Will業務、そしてMust業務があります。Can業務とは「できる、あるいは、今できなくても訓練などによりできる可能性のある」業務であり、Will業務とは「自らの意志で主体的にやりたいと希望する」業務です。それに対して、Must業務というのは「できる、できない」「やりたい、やりたくない」に関わらず、企業人として「覚えなければいけない、あるいは、やらなければならない」業務のことです。

基本的に、Must業務はマネジメントされるものであり、Will業務はリーダーシップに大きく影響を受け、Can業務は両方を含むということになるでしょう。

Must業務とCan業務の一部は「ビジネスを維持するために行われる活動」であり、この業務のマネジメントは、通常、「指示、命令、マニュアル」を通じて行われます。多くの場合、上司から部下への一方通行ですが、ここで部下に不幸感を抱かせるか抱かせないかについては、ティーチングの役割が大きいと言えます。

Must業務は企業運営に不可欠なものであり、指示や命令を受けた部下は「やらなければならない」状況にあります。したがって、Must業務にはコーチングは不向きです。逆に、Must業務で悩む部下にコーチングで対応しようとすると、却って結果を出すことが遅くなるかもしれません。序章でも示したように、コーチングは万能ではないのです。

Must業務には、ほとんどの場面でティーチングが適しています。では、この場合、どのようなティーチングが効果的でしょうか。Must業務を部下に確実に実行させたいのであれば、指示や命令を出す上司は、常識を逸脱したり、倫理に反したりするような指示・命令をしないのはもちろんのこと、必要な指示・命令の場合でも、感情的になったり、「給料分は働け！」など高圧的な態度になることは控え、**部下に不幸感を与えないように心がけることが肝要**です。部下は「心を持った人間」です。「給料分は働いてもらう」、これは正論と言えますが、だからと言って「給料分は働け！」と部下に言い放って働かせるというのはどうでしょうか。そのような態度で指示・命令された部下はモチベーションが低下し、「給料分しか働かない」ようになってしまうでしょう。つまり、それ以上の価値を生み出そうとはせず、必要最低限の仕事で済ませようとするスイッチが入ってしまうのです。

本来、**ティーチングとは「自分の知識や技能及び経験を意味づけして教える」ということ**です。**上司は言葉を選び、それぞれの部下に応じたティーチングを工夫すべき**でしょう。そうすれば、部下が不幸感を抱くことはないでしょうし、うまくいけばMust業務でもそれに意味づけを行って「やり甲斐」を見出し、幸福感を抱いてくれるようになるかもしれません。ティーチングの効果的なやり方については、第2章の第4節にある「エクストリーム・リスニング（注23）」を参考にして頂ければと思います。

一方、リーダーシップは「メンバーを鼓舞する（メンバーに主体的な行動を発揮させる）こと」ですの

注23：これは本来、コーチングで効果を出す手法の一つであるが、ティーチングでも活用できる。

で、コーチングが効果を発揮しやすい領域です。ポジティブなコーチングができるリーダーを上司に持つ部下は幸福感を感じやすい状況下で業務を遂行することになるでしょう。このような状況下にある部下はできないと思っていた業務もできるようになるかもしれませんし、誰も思いつかないような創造的なアイデアを出すようになるかもしれません。部下のモチベーションは上がり、それがまた部下の幸福感に繋がり、結果として、組織の生産性を向上させることになるのです。逆に、リーダーが過度の使命感から利益目標を重視し過ぎたり、心が不安定な状態でコーチングをしてしまうと、ネガティブなコーチングになることもあり、その場合、当然効果は薄く、結果もあまり期待できないもので終わる可能性が高くなるでしょう。

以上のように、業務に応じてティーチングとコーチングの使い分けが必要であるということ、そしてそのどちらにもポジティブな姿勢が重要であるということをここで理解して頂ければと思います。

❹ 持続可能なコーチングに不可欠の幸福感

(1) 幸福の正体

さて、前節で「幸福感や楽観主義は、実際に業績を高め、優れた成果をもたらす」と述べましたが、本節では、ポジティブ心理学的見地から「幸福感とはいかなるものか」及び「幸福感と組織の生産性向上との関連性」について概観してみたいと思います。

企業のコンサルティングを行うGood Think Inc.の創業者であるショーン・エイカー氏は、幸福というのは相対的なもので、感じる人によってみな異なると言います。心理学者は、幸福について語るとき、「主観的幸福度」という言葉を使います。では、心理学者たちは、幸福をどのように定義しているのでしょうか。総じて言えば、「『意味や目的の深い感覚を伴う喜び』などポジティブ感情を覚える状態」というような意味になりそうです。

　ポジティブ心理学の創始者の一人であるマーティン・セリグマン氏は、幸せを3つの計測可能な要素―「喜び」「夢中になること」「意味を見出すこと」―に分けて考えました。セリグマン氏の研究によって、「喜び」だけを追求しても幸福のもたらす恩恵の一部しか得られないこと、3つの要素すべてを求める人が本当に満たされた生活を送ることができるということが実証されています。

　なお、エイカー氏自身は、アリストテレスの「ユーダイモニア（人の繁栄）」という言葉を参考にして、「自分の可能性を追求して努力するときに感じる喜び」と定義しています。

　いずれにせよ、幸福とは、単なる「いい気分」ではなく、条件でも状況でもなく「実践を伴うもの」であると言えるでしょう（注24）。

　よく、「幸福の追求」という言葉が使われますが、「追求」というからにはどこかにそれが存在しているということになります。しかし、ポジティブ心理学者たちは、幸福とは誰かによって創られてどこかに存在しているわけではなく、自らが創り出すものという立場を取っています。したがって、「幸福の追求」ではなく、「幸福の創造」ということになるでしょう。

　コーチングを持続可能にするためには、まずは経営者やリーダー自身が禅的思考などを学び実践し、ポジティビティを自らのなかに取り入れ、そして幸福感を創造することが大切です。繰り返しになりますが、これらは誰かが与えてくれるものではなく、自らで創り出していくものです。

注24：ショーン・エイカー著／高橋由紀子訳（2011）、56頁。

コーチのポジティブ思考は幸福感を創り出し、その幸福感は必ず部下にも伝染します（逆に、コーチのネガティブ思考に基づくイライラ感も部下に伝染します）。幸福感に満たされたコーチが「良質のコーチング」を行うことにより、部下は、自らの潜在能力や可能性をより醸し出しやすくなるのです。

（2）幸福度を引き上げるための7つの習慣（注25）

さて、本章第2節では、「禅的思考」およびそこで得られた幸福感が持続可能なコーチングの基盤になると示しました。「幸福感」に関しては、ポジティブ心理学の研究で数多くの成果が得られていますが、ここでは、持続可能なコーチングの基盤となり得る研究として、自己啓発セミナーを数多く主催するカリスマ・コーチであるマーシー・シャイモフ氏の著作『脳にいいことだけをやりなさい』から、シャイモフ氏の「幸福度を引き上げるための7つの習慣」を取り上げて、紹介したいと思います。この7つの習慣が体得できていると、コーチングをする際に非常に役立ちますので、ぜひ実践して頂ければと思います。また、ここで紹介する習慣をコーチのみならず、クライアントも実践した場合、両者が幸福度の高い状態にあることになりますので、そこでのコーチングの効果はより高いものとなるでしょう。

シャイモフ氏の示す「幸福度を引き上げるための7つの習慣」は次の通りです。

①自分の幸福に責任を持つ

注25：本節は、マーシー・シャイモフ（2010）『脳にいいことだけをやりなさい：Happy for No Reason』アウルズ・エージェンシー（DVD）の内容を、筆者なりの解釈でまとめ直したものである。

②思いやりと赦しの気持ちを育む
③感謝する
④自分の考えを疑う
⑤目配りと瞑想を実践する
⑥目的にかなった人生を送る
⑦良好な人間関係を育む

①自分の幸福に責任を持つ

ビジネスの現場では、思い通りにならないことが多々あります。そこで自分以外の誰かを恨みたくなるかもしれませんが、責任転嫁や誰かを恨むということは、自分の幸福を遠ざける行為です。責任転嫁は、「～のせい」という感覚を自らのなかに刻み込む自傷行為であり、ネガティブな経験に関連した心の習慣を形成させてしまいます。恨みはやがて怒りとなり、我々の視野は狭くなり、怒りの対象への憤りを抱くようになります。怒りの対象を思い出すと、憤りや恨みが呼び起こされ、対象となる人や出来事を、そうした感情抜きには見られなくなってしまいます。誰かを恨むことにより、一時的に心が軽くなったように感じるかもしれませんが、それは錯覚であり、多くの場合、時間が経つにつれて自己嫌悪に陥ってしまいます。そして、恨み続けることによって、もしそれをやらなければ確保できたはずの生産的な時間も失うことになり、それに気づいたとき二重のストレスが襲ってきます。

良い人生を送るには、物事に適切に対処する必要があります。恨みに囚われるのは、対処できないと言っているのに等しいのです。我々は、「恨む」代わりに「赦す」という選択もできます。人のせいにするのは、

「自分の現在の幸福度は6だが、対象がいなければ8だ」と言っているようなものです。真実は逆であり、「本当は8の幸福が得られるのに、対象を恨むことで6にしか感じられない」のです。つまり、恨むことで、それだけ損をするのです。

自分の置かれた状況をどのように経験するか、またその中で成功できるかどうかは、マインドセット、すなわち心の持ちようによって、絶えず変化します。つまり、幸福と成功をもたらす「てこの力」が最大になるように、「心の持ちよう（てこの支点）」を調整すればいいのです。

我々は誰しも潜在的な能力を秘めていますが、潜在的な可能性を最大にする力は、2つの重要な要素に基づいています。一つはてこの長さ、つまり「自分が持っていると信じる潜在能力や可能性」、もう一つは支点の位置、つまり「変化を起こす力を生じさせるマインドセット」の2つです。

我々の潜在的な可能性というのは固定したものではありません。習慣を変えて、自分の潜在能力を掘り起こし、支点をポジティブな方に動かせば（つまり、マインドセットをポジティブの方向に変えれば）、より大きなてこの力（レバレッジ）を生み出すことができるのです(注26)。

恨み言も含め、我々の前に立ちはだかる問題（悲しさや悔しさ、スランプなど）が段々と大きくなっていったとき（次頁の図の左側の○の大きさが右側の○のように大きくなっていく状態）、もし支点の位置を変えないままでそれを持ち上げようとすると、持ち上げることが段々と困難になってきて、それでも無理して持ち上げようとしたある時、その支点の部分からポキっと折れてしまうかもしれません。

では、その大きくなった問題はもう持ち上げる（解決する）ことはできないのでしょうか。いや持ち上げ

注26：ショーン・エイカー著／高橋由紀子訳（2011）、92－93頁。

ることは可能です。支点の位置を変えればいいのです。支点の位置を変える、すなわち、大きな問題でも、マインドセットをポジティブな方向に変えることにより、潜在能力や可能性の部分が広がり、レバレッジを効かせて解決に導くことができるようになるのです。

では、以下にマインドセットに関する事例を3つ示したいと思います。

てこの力とマインドセットの関係

(1) 極楽と地獄の話――(注27)「現実」の捉え方で、幸福度は変わる

次頁の図にあるように、極楽と地獄には、大量の料理が身体の何倍もある大きな皿にたっぷりと積まれているそうです。ただし、それを食べるためには、必ず1．5メートルほどの長い箸を使わなければならない（体格は人間と同様とします）とのことです。極楽の者たちはいつも満腹状態にありますが、地獄の者たちはいつも空腹状態にあるとのこと。何故か、おわかりでしょうか。

地獄の者たちはいつも自分のことしか考えていません（だから地獄にいるのでしょう）。箸の用途についても同様です。「自分の口に運ぶ」以外の用途を考えられません。しかし、箸の長さが邪魔をして、物理的に1．5メートルの長さの箸で料理を自分の口に運ぶことは不可能です。地獄の者たちは、ひとつの考え方しかできないために、料理に手を出してはみるものの、失敗をただ繰り返すだけです。

注27：合力知工（2010）、22頁。

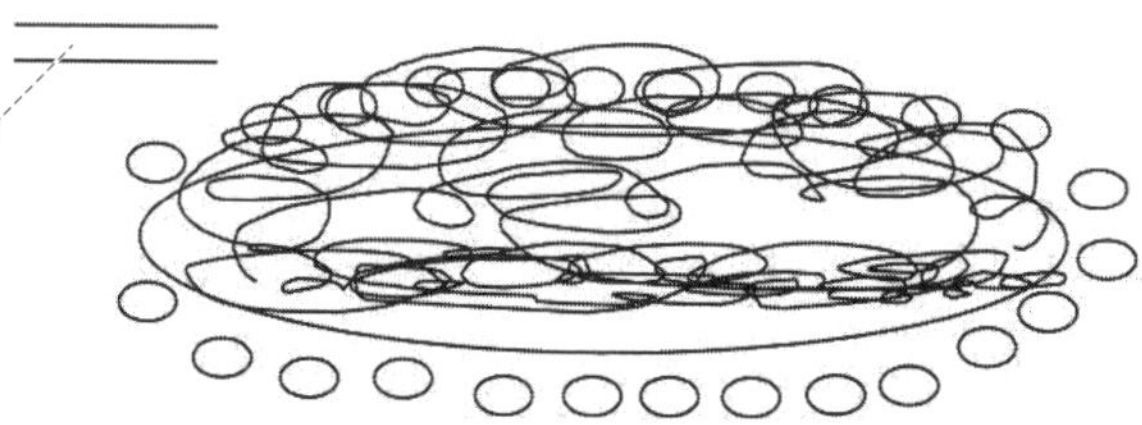

一方、極楽の者たちは「自分の口に運ぶ」こととは異なる考え方ができます。「他の人と食べさせ合う」という考え方です。例えばペアを組んで、どちらかが食べたいと言えば、もう一人が食べさせる、というやり方で、いつも食べたいときに食べることができます。

この説法の教訓は、「分かち合う大切さ」ということももちろんありますが、もっと大切なポイントは、**「極楽にも地獄にも同じ料理がある」**ということです。地獄には食べ物がなく、極楽のみに食べ物が溢れている、というわけではなく、**どちらにも同じものが用意されているのに、「解釈の仕方」で、一方は満たされ、一方は飢えている**ということです。

このように考えると、**「幸福感」とは他者や環境によって与えられるものではなく、自分自身で獲得していくもの**ということがわかります。逆もしかりで、「喪失感」も他者や環境の問題ではなく、自分自身がそのような状況を創り出しているということです。

同じ「事実（経験、出来事）」でも、それをどう解釈するかによって、「現実」はまったく違うものになるということですね（「事実」と「現実」は異なります。「事実」とは実際に起こった出来事を指し、それに「解釈」を加えたものを「現実」と言います）。つまり、「現実」は降りかかってくるものではなく、自らで作り出すものであるので、どうせならばポジティブな解釈をすることによって、ポジティブな「現実」にしていきたいものです。

（2）アリエルの物語――レジリエンス（注28）で幸福感を手に入れる

アリエルという女性は毒物の混入された目薬をさして失明しました。その時、アリエルの人生は一変します。最初の半年は誰とも会わず、どこにも行かず、引きこもっていました。毎日、「誰がこんなひどいことを」「どうして私がこんな目に合わないといけないのか」と思い続けました。しかし、ある朝起きたとき、ふと自分の人生について考えてみました。そして、このまま生き方を変えずに5年、10年、20年、40年暮らすとすれば、だらだらとつまらない人生を送ることになるだろうと悟ります。

悲惨な体験をした後でも、自分がどんな人生を送りたいか、どれだけ幸せになりたいかと自問することはとても大切です。アリエルは、恨みに囚われるのをやめ、生き方を変えました。自分の幸福に責任を持てるよう、自立に向けて盲導犬を飼います。アリエルは失明したことにより、目が見えて当たり前と思っていた時よりも、多くのことに対して感謝の気持ちを抱くようになりました。その気持ちに気づき始めて以降、そういう気持ちを抱かない日は一日もないと言います。

「生き方の枠組みを変えること」、このシンプルなパラダイムの転換に大きな効力があります。自分が犠牲者と思うのをやめ、問題の解決策を探ることでアリエルは変わりました。現在は、盲導犬協会の仕事をしながら、失明前から行っていた、大好きなボート競技を続けており、世界レベルの強豪チームのメンバーでも

注28：レジリエンスとは「再起力」を意味する。挫折やストレス（心的外傷）、困難のさなかでも、人の脳はそれに対処するための道を考え出す。これは「神経可塑性（神経系の機能は遺伝情報によってすべてが決定されているわけではなく、生後の種々の内的・外的環境によって変化する。神経系の機能の特徴の一つが可塑性である）」が働くからである。そして、**失敗や苦難から立ち直るだけでなく、その経験があったからこそ、さらに幸せになり成功をつかむ道を見出すことができる。**

あるそうです。「視力を失って、逆に視野が広がった」とアリエルは言っています。

また、「自分の人生に責任を持つ」別の方法として、「思い込みをやめる」というのも効果的であるとシャイモフ氏は言います。これは上述した禅語「柔軟心—執着や偏見、先入観などの固定観念や思い込みをすべて手放した自由自在の心」と通ずる考え方であると言えます。

例えば、我々は、よく「お金があればもっと幸せになれる」と考えがちですが、「衣食住の基本的ニーズを満たす以上のお金は、幸福感をあまり増幅させない」ということが、研究で明らかになっています。

消費文化とは、他者との比較です。他者より多く持っているか、他者より上手くやっているか、すべて思い通りにしたくなります。しかし、思い通りにしようとしても、幸せは得られません。すべてが自分の望み通りにならなければ気が済まないのであれば、物事を味わったり、他者を尊敬したりすることがとても困難になるからです。他者は他者、自分は自分。それぞれに良いところ、悪いところがあります。そう思えたとき、気持ちがふっと楽になります。禅の言うところの「**山是山**《やまこれはやま》、**水是水**《みずこれはみず》」(注29)です。

シャイモフ氏は「思い込みをやめる」ために、「瞑想」「何かを楽しみにする」「人に親切にする」「ポジティブな感情が生じやすい環境をつくる」「運動する」「固有の強みを発揮する」など、「幸福度を引き上げるエクササイズ」を取り入れることを勧めています。

注29：山は山としての本分を全うし、水は水としての本分を全うしている。それと同じように、それぞれの人が自分の本分を発揮することで、社会全体はうまく動いていくという意味。自分の能力や容姿、置かれた環境を他者と比較するのをやめ、自分が選んだ道で、持てる力を存分に発揮すればよいということ。（枡野俊明《２０１７》『美しく、心地よく、生きる』ＰＨＰ文庫、41頁。）

（3）タル・ベン・シャハー氏の話

タル・ベン・シャハー氏はハーバード大学で教鞭をとっていたとき、ニューヨーク・タイムズ紙やボストン・グローブ紙など大手の新聞で大きく取り上げられるほど、非常に人気のあったポジティブ心理学者です。彼の著作『Q・次の2つから生きたい人生を選びなさい』に、彼自身の経験（「事実」）に関して「解釈を変えたら、『現実』はどう変わるか」という視点で書かれた話があります。やや長い引用になりますが、マインドセットの事例としては非常にわかりやすいので、ここでそれを紹介したいと思います。

「私は注意欠陥障害（ADD）です。つねに落ち着きがなく、長い時間ひとつのことに集中するのが苦手です。ADDのせいで、勉強したり仕事をしたりすることがときどきとても困難になります。私は11歳のころからスカッシュのプロ選手になることを夢見ていました。しかしプロとしてキャリアをスタートさせようとした20歳のとき、けがをしてしまいます。けがのせいで私は精神的に打ちのめされてしまいました。夢は破れたのです。

また、私はイギリスのケンブリッジ大学の博士課程から脱落しました。同期で脱落したのは私だけでしたし、歴代においても脱落したのは以外にはほとんどいません。

それは屈辱的な経験で、専門家として、また研究者としての1年間が無駄になりました。私は本当についていません。」

同じ「事実」を「違う解釈」で話すとどうなるでしょうか。

「私は注意欠陥障害（ADD）です。でも、じつはそれはいいことなのです。この障害のおかげで、私は

好きなことに集中できます。夢中になれることにしか気持ちが向かないのです。私は恵まれています。幸せを感じることだけをさせるメカニズムを体内にもっているのですから。私は11歳のころからスカッシュのプロ選手になることを夢見ていました。しかしプロとしてキャリアをスタートさせようとした20歳のとき、けがをしてしまいます。けがのせいでプロになる夢は断たれました。でもその結果、大学に入学することになり、心理学に出合いました。それ以来、私は心理学に情熱を傾けています。

また、私はイギリスのケンブリッジ大学の博士課程から脱落しました。同期で脱落したのは私だけでしたし、歴代においても脱落したのは以外にはほとんどいません。

しかしながら、この経験のおかげで、私は将来コンサルタントになる準備を始めることができました。当時の私は高慢で自分のことしか考えていなかったので、失敗は当然のことでした。大学院をやめて、私は謙虚になることができました。そしてアジアに行って働き、人生で最高の何年かを過ごすことができたのです。私はついています。」

以上の2つは同じ出来事（「事実」）を違った解釈で捉えたものです。網かけを付した部分が「事実」の部分であり、当然、前者と後者で「事実」が変わることはなく同じです。それ以外の部分はすべて、その「事実」に関して、前者は「あら探し」の視点から、後者は「いいこと探し」の視点からの「解釈」です（注30）。

一見してわかるように、同じ事実であるにも関わらず、解釈の違いで印象はまったく異なり、前者には

注30：タル・ベン・シャハー著／成瀬まゆみ訳（２０１３）『Q・次の２つから生きたい人生を選びなさい：ハーバードの人生を変える授業Ⅱ』大和書房、82－83頁。

「ネガティブな人生」が、後者には「ポジティブな人生」が待っています。実際、ベンシャハー氏は後者の解釈をすることにより、幸福感を増大させています。

②思いやりと赦しの気持ちを育む

いかなる傷にも苦悩が伴います。上司や同僚あるいは取引先から傷つけられた人は、怒り、混乱し、苦悩するでしょう。問題は、苦悩を繰り返すことを終え、癒しに移行することですが、それには「赦し」が必要です。

痛みを感じ、苦しみ、頭の中で何度も何度も悲惨な記憶を思い出すことで、体内の神経回路と内分泌の反応が妨げられます。それが沈静化しなければ、その体験への恐怖が傷自体より深くなり、最初の苦しみよりも大きな問題になります。そこで、大変難しい選択とは思いますが、赦しが必要になるのです。

憎しみや怒りを持ち続けるのは、相手を傷つけるために、自らも毒を飲んでいるようなものです。赦すとき、人は自分の怒りと心の傷を癒すことができます。

赦しとは何か。それは、自分が安らかでいられるということ、さらに言えば、苦しい経験をしても優しさを失わないということです。それは、「現在」に重きをおいた経験であり、過去にとらわれず、今安らかでいられるということです。

２０１１年2月9日、福岡県粕屋町で高校生２人が飲酒運転の車にはねられて命を落としました。突然の事故で息子の命を奪われた母親の山本美也子氏の心情を、簡単に推し量ることはできません。喪失感から怒りや憎しみも沸き起こったかもしれません。事故を起こした人を恨み続けて、そのまま何も手につかず「家に引きこもる」という選択もあったかもしれません。しかし、山本氏はそうしませんでした。山本家に起こ

った悲劇を二度と起こさせたくないという想いから、「飲酒運転ゼロ」を目標に、飲酒運転撲滅のための講演活動を行い始めました。この10年間で1200回を超えたそうです。山本氏の講演会には、「飲酒運転撲滅」という強いメッセージの中に、優しさが感じられます。それは、枯れるほどに涙を流した山本氏が行き着いた、「赦し」を伴った安らかな講演であるからだと思います。

③感謝する

幸福な人々は、感謝すべき対象が多いわけではありません。ただ毎日、小さなことにでも感謝の気持ちを持つようにしているのです。そのためには「感謝の日記」が有効です。これは、寝る前に、その日あった出来事を振り返り、感謝することを3~5つ書き出す、というものです。「感謝の日記」をつけることにより、人生における関心事が徐々に変わってきます。

しかし、**人は、感謝すべきことよりも、人生の問題点を見つけることに、多くの時間を費やしがち**です。**それは、ネガティビティ・バイアス**(注31)**があるためである**と言われています。**我々の脳は、ネガティブなものを吸着し、ポジティブなものを弾いてしまう性質を持っています。**同じ日に10回褒められて、1回否定されたとしたら、どちらを覚えているでしょうか。

普通のポジティブな経験は、通常の記憶プロセスで処理されます。10秒、20秒、30秒と時間が経過していくと、記憶に留まることはありません。強烈な印象を伴わない経験は、次にやってくるデータにより押し出され、ニューロンが記憶を形成する暇を与えないからです。日常的な（軽微な）ポジティブ感情は、ネガテ

注31：ネガティブな出来事や情報、不幸な経験などに対して過剰に反応し、それをより強く記憶に留めるという性質。

ィブな感情よりも、持続時間がずっと短いのです。人生における、日常のポジティブな経験、例えば、太陽の輝きや美しい花などを見た際の感情は、ただ清々しいとか美しいとかいう、何となく感じる感覚的な気分だけでは脳の外へ滑り落ちやすい。十分な時間、貯蔵庫に留まらないため、ニューロンが記憶を形成するに至らないからです。

これを阻止するためにはどうすればよいか。脳を訓練し、ポジティブな経験を記憶させるのです。**ポジティブな経験に、より深く注目する、つまり感謝の気持ちを伴うなど、十分に意識して良いものを取り込むとポジティブな経験は記憶に留まる**、というのが最新の科学の考えです。太陽の輝きや美しい花をただきれいと思うだけでなく、太陽や美しい花の存在に「感謝する」のです。

感謝とは主にポジティブなことの記録です。感謝することによって、それは滑り落ちることなく、脳に記録されることになるのです。感謝することによって、ポジティブ感情の記憶が構築されれば、強く自信に満ちた幸福な人生を送ることに、また一歩近づいたことになります。

④自分の考えを疑う

ほとんどの場合、我々は毎日、数多くのネガティブな思考を抱きます。しかし、一つのことを踏まえておけば、ネガティブな思考に飲み込まれません。それは「自分の考えを疑う」ということです。思考は常に正しいわけではなく、思考に囚われる必要はないのです。したがって、ネガティブ思考が強いという自覚症状がある人ほど、自分の思考を疑った方がよいでしょう。

我々は、「知っているつもりで、実は全然知らない」ということに気づくべきです。あらゆるものが、視点や時間によって変わってしまうという事実を我々は知るべきです。確かだと思うものの不確かさを認識す

るのです。不確かに思うことができれば、注意が向くはずです。

我々は物事を、確かなものとして見るように習慣づけられています。例えば、「1＋1の答えは2しかない」のでしょうか？ そんなことはありません。それは十進法の計算式での答えであり、二進法では10（イチゼロ）になります。2つのチューインガムを合わせても1つにしかなりません（重量は増えても、数は1つです）。つまり、この場合、「1＋1＝1」となります。確信しても間違うのです。

⑤新たな視点の更新と瞑想を実践する

新たな視点の更新は新たな気づきを生み出します。それを実践することによって否定的でなくなり、積極的になることができます。積極性には活性化の力がありますので、幸せになるのは当然です。

新たな視点を更新していくには、まずは上述した「感謝の日記」を書くのが良いでしょう。「感謝の日記」は、ポジティブなことを脳に記録するだけでなく、気づきにも役立ちます。日頃から、家の中のもの、知人、知っているはずの事実を取り上げ、自問するのです。それが確かか、別の視点で見ればどうなるか、前に見たときとどう変わったか、などです。

また、**新しいことに気づけば、それに対して、より深く関わることになります。**対象が好きになり、覚えやすくなり、それにより自分で自分に幸福をもたらすのです。

アメフトが嫌いな女性を集めて、新しいことに注意しながら試合を観てもらい、新しいことを1つ見つける、3つ見つける、6つ見つけるという課題を割り振って、彼女たちの意識の変化を見るという実験を行ったところ、新しいことを多く見つけた人ほど、アメフトを好きになるということが明らかになりました。

ラップやクラシックが嫌いな人に対しても同様の実験を行ったところ、彼ら（彼女ら）も新しいことに気づくことで、嫌いなはずの音楽を好きになっていました。これが「関心」の本質です。

「無関心」とは、信じることも疑うことも少ない状態のことを言います。関心を生み出すのが最も簡単なのは、人生が上手くいかないときです。人生が上手くいかないとき我々には不快な感情が沸いてきますが、例えネガティブな感情であったとしても、そこには「関心」が芽生えています。そして、関心が芽生えてくると、好ましくないことや不満であっても、それを掘り下げ、なぜその不快な出来事が存在するのかを自分の心に問いただすようになります。すると、新しい気づきがそこに生じてくるかもしれません。つまり、上手くいかないときこそが、変わるチャンスなのです。

コーチングとは、まさにクライアントが「無関心」を「関心」に転換させることに寄与する手法です。そして、そのプロセスにおいて、「良質のコーチング」を行うことにより、クライアントはいくつもの新しい「気づき」と出合うようになります。

新たな視点を意図的に起こすことによって「無関心」を「関心」に変化させるという方法もあります。それは「ラベリング効果（注32）」を利用した方法です。

人は、どんな「ラベル」を貼るかによって、キャラクターが大きく変わってきます。見え方だけでなく、本当に性格や行動が変わってしまうのです。上司が部下に「お前はダメな奴だ」というラベルを貼って、毎日そう侮り続けていると、本当にダメな人間になっていきます。逆に「君は本当によく仕事ができるね」と

注32：ラベリング理論は、1960年代に社会学者のハワード・ベッカー氏らによって提唱された「逸脱行動」に関する理論であるが、脳科学や心理学でも研究対象となることが多くある。脳に繰り返し情報（ラベル）をフィードバックすることで、対象者を目的の方向へと導いていく方法であり、人は貼られたラベルに応じて、ラベル通りの人に変わっていくということである。

褒め続けると、本当に仕事ができる人間になっていく、ということが様々な心理学の実験から明らかになっています。このような原理を利用して人を動かすことを「ラベリング」と言います。

ラベリング効果により、ポジティブなラベルを貼られた人はポジティブになり、ネガティブなラベルを貼られた人はネガティブになります。

例えば、「料理が苦手」という人がいれば、その人の料理を食べたときに、お世辞や社交辞令に聞こえないように、さりげなく「あれっ、料理が苦手って言ってなかったっけ？　結構美味しいんですけど」とか、次に食べたときに「やっぱり美味しい。むしろ料理のセンスあるよ」などと言ってあげると、相手は少しずつ自信を持ち始め、今までさほど興味がなかった料理のレシピを研究したり、自分から積極的に何度も練習したりするようになります。そうした経験を繰り返し積めば、実は誰でも腕は上達するものです。そして、「料理が苦手」というラベルは「料理が得意」という真逆のラベルに貼り替えられ、本当に料理が得意な人になっていくのです（注33）。

ラベリングの重要なポイントは、ラベルを貼られた人が「誰にも強制されることなく、自分から行動を起こす」ということです。また、ラベリングは、当然、他人に対してだけでなく、自分を変えたい場合にも使えます。

一方、この30年間の多くの研究で、瞑想が我々の健康と幸せに好影響を及ぼすということがわかっており、「定期的な瞑想で脳は変化する」ということが研究で明らかになっています。チベットの仏教の僧侶が行う瞑想についての調査を行った結果、瞑想では、慈悲・共感などポジティブな感情が生まれることもわか

注33：メンタリストDaiGo（2016）『あなたを変える52の心理ルール』KADOKAWA、33－35頁。

ってきました。

1日30分間、2週間だけ、インターネットを通じて瞑想の訓練を行うという実験が行われましたが、わずかそれだけでも、脳内に計測可能な変化がもたらされ、幸福度や共感にも変化があらわれました。

瞑想は心の揺らぎを鎮めてくれます。忙しいときにこそ、瞑想の時間をつくって、ゆったりとした気分になることが必要かもしれません。

⑥目的にかなった人生を送る

自分の存在理由について意識する人はあまりいません。仕事も人生の大きな目的の一つであり、生活そのものと感じる人も多くいますが、実は仕事は人生の一部に過ぎません。我々は仕事をするためだけに存在しているのではなく、我々の存在理由はもっと大きなものです。むしろ、**仕事は人生の目的ではなく、それ以外のものを充実させるため手段と考えた方がいい**でしょう。毎日、仕事以外にも目的をもって、意味深いことを行おうとする意志が、驚くべき結果を生み出します。

人生をより充実させたいのであれば、将来のもっと大きな目的と現在の自分を繋げてみて、「今」を一生懸命に生きるべきです。

他者への奉仕や利他の精神によって、自分より大きなもの（例えば、社会）と繋がることにも意義があります。そうすることで自分も社会も共に幸せになれます。１９２０年代から数十年にわたって続けられた研究によると、10代で他者への奉仕活動をした人々は、半世紀後もずっと健康で幸せに暮らしたそうです。

⑦良好な人間関係を育む

人間関係が良好であれば、人はより幸福になり、記憶力や創造性が発達し、人望を集め、病気の症状も和らぎます。そして、最も驚くべきことは、寿命が長くなるということです。

マサイ族の人々は、テレビも電気もインターネットもなく、家畜の糞と草を練り固めて作った家に住んでいます。先進国の人々にとっては、快適な暮らしとは言えないかもしれません。しかし、彼ら（彼女ら）の幸福度は、世界の億万長者たちに比べても低くはありません（「国民総幸福度」が世界一だと言われるブータンにおいても同様でしょう）。彼ら（彼女ら）は、お金以外の、家族や社会の強い絆を持っているからです。

風邪がうつるように、感情も人に伝染します。これは、「感情の社会的感染」と言われています。社会的感染とは、一人の人間から他の人へ、考えや感情がうつることです。何かを強く感じ、その感情に固執するほど、それを周囲に感染させやすくなります。ポジティブな感情もネガティブな感情も同様です。したがって、他者と親しくなるには、まずは自分自身がポジティブ感情で満たされ、幸福感を抱いた日々を送ることが大切です。

幸福とは、個人の喜びを他者と分け合うことにより、他者へと伝染させる、つまり、他者への貢献でもあるのです。

（3）幸福感と組織の生産性向上との関連性

さて、シャイモフ氏の提唱する「幸福度を引き上げるための7つの習慣」について紹介しましたが、彼女は「**幸福度は変えられる**」と主張しています。

幸福度＝遺伝的要因＋人生の状況＋意図的な活動

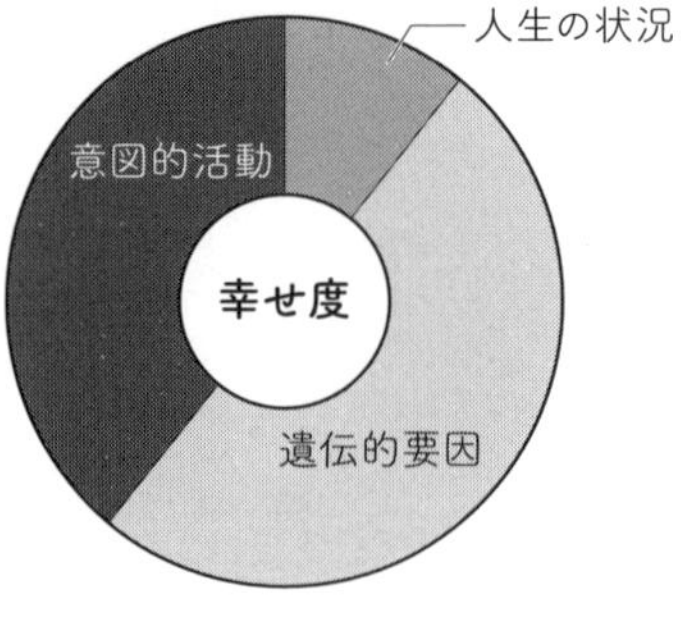

幸福に関する研究結果によると、幸福度に「遺伝的要因」が影響するのは、全体の5割に留まります。幸福度に影響する要因の1割は「人生の状況」、残りの4割は「意図的な活動」であり、幸福度は修正し、操り、動かせることがわかっています。さらに、最新の遺伝学によると、我々の知覚や態度が遺伝子を抑制するということもわかっています。

我々には「神経可塑性（注34）」という性質があり、人間の脳（記憶、思考方法など）は、この神経可塑性があるために、経験や訓練で変化すると言われています。

神経可塑性は、ポジティブにもネガティブにも働きます。進化の過程で、我々の脳は、生存のために危険なもの（リスク）を探るようになりました。しかし、これが度を超えると、不幸をもたらすものに必要以上に敏感になります。上述した「ネガティビティ・バイアス」が働くからです。ストレスに満ちた出来事やネガティブな感情にさらされ続けていると、脳内に不幸感が生まれ、身体にも悪影響が及びます。常に病気と向き合っている医者、常に犯罪と向き合

注34：神経系の機能は遺伝情報によってすべてが決定されているわけではなく、生後の種々の内的・外的環境によって変化する。こうした変化を行う脳の性質を神経可塑性という。

っている弁護士などが、コンパートメント化（仕事とプライベートの区分化）ができなくなった場合に起こりやすいと言われますが、もちろん、我々の日常生活においてもそれは同様です。

しかし、このような**ネガティビティ・バイアスを跳ね除けるような、つまり心身に幸せを生むような行動を意図的に起こせば、状況によらず幸せになれます。**それは、上述したような幸福の習慣づけによってもたらされます。

幸福の習慣づけには、日常的な活動も含まれています。人体には、セロトニン（注35）、オキシトシン（注36）、ドーパミン（注37）など幸福ホルモンが大量に貯蔵されていますが、これらの快感物質は、食べる、呼吸する、動く、休む、表情を変えるなどの日常的な行動を意図的に改善することによって適正に放出されるようになり、健康状態が変わっていくことにより、幸福感も増していくと言われています。

上述した習慣を継続的に行うことにより、ポジティビティが高まり、幸福感が高まっていくと、その幸福感の高まりはいろいろなところで良い成果を出していくようになります。

注35：不安を抑制する脳内化学物質、不安解消物質であり、人間の気質に影響を及ぼす。セロトニンの分泌が少ないと不安・悲観的傾向（内向的、リスク回避的）が大きくなり、逆にこの分泌が多いと楽観傾向（活動的、挑戦的）が大きくなると言われている。（萩原一平《２０１３》『脳科学がビジネスを変える：ニューロイノベーションへの挑戦』日本経済新聞出版社、81頁。）

注36：脳の覚醒を制御する脳内化学物質であり、人間の意欲に影響を及ぼす。行動の動機づけと関連し、これが不足すると新しいことを始める意欲が減退し、あきらめやすくなったり、運動能力が低下したりし、この分泌が多いと集中力が高まり、楽しさや心地よさが高まると言われている。（萩原一平《２０１３》、82頁。）

注37：俗称で、幸せホルモン、安らぎホルモン、愛情ホルモン、信頼ホルモン、絆ホルモン、利他的遺伝子などともいわれる神経伝達物質であり、対人関係の構築や信頼を基盤とする人間相互間の活動や人の利他性にも影響を与え、絆を深める効果がある。（萩原《２０１３》、83頁。）

ポジティブ心理学の基礎理論に、ノースカロライナ大学心理学教授であるバーバラ・フレドリクソン氏の提唱する**「拡張―形成理論」**というものがあります。これは、「ポジティブ感情は可能な選択肢を増やし、我々をもっと思慮深く、創造的にし、新しい考えに対して心を広げる」という「拡張効果」と、「ポジティビティが認識や行動の幅を広げると、人はより創造的になるだけでなく、将来にわたって有効な身体的、社会的、知的、心理的リソースを形成して、人により良い変化を起こさせる」という「形成効果」を明らかにしたものであり(注38)、**「社員の幸福感と企業の生産性との間には正の相関性がある」ということを裏付ける重要な理論の一つ**です(注39)。

また、我々には、ポジティブ感情とネガティブ感情が混在していますが、フレドリクソン氏は、ポジティビティとネガティビティの黄金比率（ポジティビティ比）を見出しました。自分の気持ちの中で、「ポジティブがネガティブの3倍以上になると幸福優位になる」、すなわち「ポジティブ：ネガティブ＝３：１」という比率が、幸福優位になるための目安になるということです。

なお、これは個人だけでなく、組織にも当てはまり、ポジティビティ比がこの比率以下であると、組織の生産性は低下するといいます。しかし、この比率は、固定的なものではありません。個人の内面でも、組織内においても、不変のものではなく、「幸福になるための習慣」を継続的に行うことにより、ポジティビティ比を変えることが可能なのです。

注38：バーバラ・フレドリクソン著／植木理恵監修・高橋由紀子訳（２０１０）『ポジティブな人だけがうまくいく3：1の法則』、45-50、98-１０９、１３９-１４０頁。

注39：バーバラ・フレドリクソン著／植木理恵監修・高橋由紀子訳（２０１０）、54-55頁。

第2章 脳科学に基づくコーチング

合力知工
福岡大学　商学部　教授

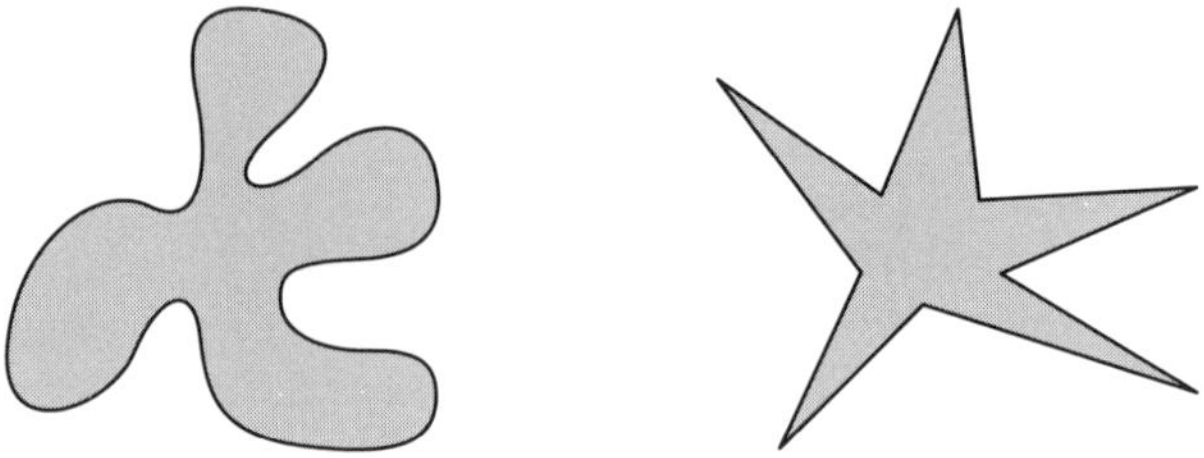

❶ コーチングをより効果的にするために

さて、コーチングを持続可能にするためには、「禅的思考」や「幸福度を引き上げるための7つの習慣」などに基づいたパラダイムの確立が必要であることを述べてきましたが、本章では、そうした考え方とともに、コーチングを持続可能にするもう一つの重要な基盤について触れたいと思います。それは「脳科学的知見」です。

さて、あなたは、上の左右の図形の一方に「キキ」、もう一方に「ブーバ」という名前をつけるとしたら、どちらにどちらの名前をつけますか。

左図は柔らかい曲線で描かれ、インクの染みのように見えます。一方、右図はギザギザの直線で描かれ、割れたガラスの尖った破片のように見えるでしょう。実験結果によると、98%もの人が「曲線図形がブーバで、ギザギザ図形がキキだ」と答えました。この結果は、被験者の母国語とはほとんど関係がなく、また大人と幼児でもほとんど変わらないことも明らかにされました。

これは「ブーバ／キキ効果（Bouba/Kiki effect）」と呼ばれるもので、共感覚（シナスタジア：Synesthesia）というものが働き、言語音と図形の視覚的印象との連想について見られる関係のことを指します。

脳科学者のラマチャンドラン氏らは、共通する抽象概念を引き出す脳の能力（例えば、ギザギザの形には耳障りな音の名前をつけることなど）は、隠喩や共通した語彙の発達の基礎となってきた可能性があると考えています（注40）。

共感覚とは、「ある刺激に対して2つ以上の知覚が混ざり合ってしまうが、それ以外は正常な状態にある感覚」のことです。例えば、文字という刺激に味を感じる、音という刺激に色を感じるといったもので、単なる比喩ではなく、実際にそのような感覚を体験するものです。

この現象は100年以上前から知られていましたが、つい最近まで、胡散臭いとか単に記憶の関連づけによるものなどと言われ、真剣に受け止められることはありませんでした。しかし、2000年に入ったあたりから、これが実際に起こっていることが証明されます。ラマチャンドラン氏らは、この現象は「交差活性化」によって生じる、つまり「通常は別個に働く脳の2つの領域が互いに活性化し合う」ために起こるとしています。現在、共感覚のメカニズムが探求されるなかで、脳がどのように感覚情報を処理し、それを使って一見無関係のものを抽象的に結びつけるか、ということもわかってきています（注41）。

脳科学はまだまだ解明されていないことが多い領域ですが、「ブーバ／キキ効果」の事例でもわかるように、意識・無意識にかかわらず大半の行動には脳が関連しており、それを脳科学的に証明することが可能となっています。脳科学の知見がビジネスに、そしてコーチングにも及ぼす影響は計り知れません。なぜなら、ビジネスは人の営みであり、人の感情や行動の大半は脳の指令によって生じるものであるからです。コ

注40：V・S・ラマチャンドラン＆E・M・ハバード「数字に色を見る人たち：共感覚から脳を探る」『日経サイエンス』2003年8月号、49頁。

注41：V・S・ラマチャンドラン＆E・M・ハバード（2003）、44頁。

ーチに脳科学の知見があるかないかで、コーチングの進め方もそれを受けるクライアントたる部下の行動も大きく変わってくるでしょう。

例えば、ネガティブ思考の部下に上司がコーチングを行うプロセスにおいて、その上司が「ネガティブ思考の構造」「目標設定とその達成の効果」「休憩の効果」などを知っていれば、傾聴のポイントや部下への質問の質は格段に上がり、それに伴い部下の「自発性・主体性」も向上し、部下が能力を発揮しやすくなります。

本章では、行動科学者であり、有能なビジネスコーチでもあるキャロライン・ウェッブ氏の知見を参考にして、「個人の能力の醸成」、そしてその結果としての「組織の生産性向上」に関わる「脳の仕組み」について、そのいくつかを紹介していきます。

❷ マルチタスクとシングルタスク（注42）

我々は、ビジネスの現場においていろいろな作業を行います。複数の作業を同時に行わなければならないような場面も多々あります。しかし、やみくもに作業量を増やしたからといって、仕事の生産性が上がるわけではありません。我々が仕事の生産性をより効率的に高めたいのであれば、脳の仕組みをある程度知っておく必要があります。

注42：キャロライン・ウェッブ著／月沢李歌子訳（2016）『最高の自分を引き出す脳が喜ぶ仕事術』草思社、73－82頁。

次のことを試してみてください。

＊まず、〝ABCDEFG〟と声に出したすぐ後に、〝7654321〟と言います。どれくらい時間がかかったか、時計で計ってみてください。次に、アルファベットと数字を交互にして、〝A7B6C5D4E3F2G1〟と言う。作業量は同じなのに、アルファベットと数字を切り替えなければならないせいで、先ほどより時間がかかったはずです。

＊まず、左手で四角を描きそれを3回なぞったすぐ後に、右手で三角を描きそれを3回なぞり、時計で計ってみてください。次に、左手と右手で行った作業を同時に行います。作業量は同じなのに、左手と右手の作業を同時に行ったせいで、先ほどよりずいぶん時間がかかったはずです。頭もずいぶん使ったのではないでしょうか。

多くの研究結果から、2つの作業を並行して行った人は、同じ作業を1つずつ順番に行った人と比べて時間が約30%長くかかり、間違いが約2倍になるということが明らかになっています。**我々の脳は、マルチタスクは苦手であり、シングルタスクの方が、生産性が上がるようにできている**のです。仕事は効率的にまとめて行えばより楽になるだけでなく正確にもなり、作業時間も短縮できるということです。

マルチタスクによってスピード、正確性、理解力が損なわれるのは、脳の活動が、論理、自制、将来の計画といった高度な機能をつかさどる「**熟考システム**」と、行動の多くを自動化して〝無関係な〟情報や選択肢をフィルターにかけて取り除き、熟考システムの負荷を軽くする「**自動システム**」という、2つのシステムに分かれており、我々の脳は、同時に複数の作業をしているとき、熟考システムが注意を忙しく切り替えてそれぞれの作業に意識を向けるため、1つの作業から別の作業に移る際に集中力を取り戻すのに時間がかかり、こうした〝切り替え〟のたびに、脳のエネルギーが消費されてしまうからです。

我々の脳は、マルチタスクは苦手で、シングルタスクの方が得意なので、仕事は効率的にまとめて行えばより楽になるだけでなく正確にもなり、作業時間も短縮できるようになるということですね。

例えば、コーチングを行う際に、クライアントに対して一度に複数の質問を投げかけてしまうと、それがどんなに有効なオープン・クエスチョンであっても、クライアントは脳での処理に負担を強いられるため、緊張感が高まり、自身の強みや本当にやりたいことを考えるうえで、障害が生じる危険性もあります。本来、コーチは、クライアントに既成概念などにとらわれないで自由に考えてもらうような場を整備する役割を担っているはずなのに、目に見えない「脳の中」で、知らず知らずのうちに負担をかけているということになりますので、クライアントにより自由に、より深く考えてもらうためには、質問は一つひとつ余裕をもって投げかけていった方がよいということになりますね。

❸脳の「熟考システム」と「自動システム」

さて、脳には「マルチタスクよりシングルタスクの方が、生産性が上がる」という性質があることがわかりましたが、それには脳の「熟考システム」の切り替えエネルギーの負担が関わっていました。ここでは、そうした脳の「熟考システム」と、もうひとつの脳の重要な働きである「自動システム」について少し詳しく見ていきましょう。

（1）「熟考システム」と「自動システム」の仕組み

ウェッブ氏は、「脳の活動は2つのシステムに分かれている」と言います（注43）。1つは意識的で管理された「熟考システム」、もう1つは本能的な「自動システム」です。2つのシステムはうまく補完し合い、我々を知的かつ生産的にしています。それぞれのシステムの強みと弱みを活かすようにすれば、我々の認知資源はさらに増えると言われています。

＊熟考システム：論理、自制、将来の計画といった高度な機能をつかさどります。不慣れなこと、複雑なこと、抽象的なことを扱うのに長けています。しかし、容量には限界があり疲れやすい。酷使したり、負荷をかけ過ぎたり、気をそらされたりすると、思慮やバランスや安定を失うこともあります。

＊自動システム：行動の多くを自動化し、〝無関係な〟情報や選択肢をフィルターにかけて取り除き、熟考システムの負荷を軽くします。たいていの場合はそれが役に立ちますが、見落としが起こることも避けられません。しかも、現実を完全に客観的に捉えるのは不可能なため、職場で誤解が生じたり、誤った選択が行われたりすることに繋がることもあります。

注43：キャロライン・ウェッブ著／月沢李歌子訳（2016）、19-20頁。

脳の「熟考システム」は我々の複雑な世界のすべてに対して注意を向けることはできません。そのため、「自動システム」のフィルター機能は、「熟考システム」の注意が必要なもの以外を排除します。脳は我々が気づかないうちにこうしたシステムを働かせて、複雑な世界に対応しています。しかし、注意の対象を選択しているせいで、我々が経験する現実は不完全で主観的なものになります。それは良いことであり、悪いことでもあります。「自動システム」が重要でないことを取り除くことはありがたいことですが、困るのは、役立つかもしれないものでも〝重要ではない〟と認識してしまう場合があるということです。

（2）ヒューリスティクス

脳の「自動システム」に関連する働きとして、ぜひ理解しておいた方がいいのが「ヒューリスティクス」という概念でしょう。

脳は、不確実な状況下などでは、「自動システム」を起動させ、論理的思考ではなく、経験などの脳に蓄積されている情報にもとづいて、複雑な問題の解決に向けて何らかの意思決定を行うことがあります。通常、その場合、スピード（時間）が優先されているため、正解の精度は落ちることになりますが、ある程度近似値的な解答を得ることはできます。これをヒューリスティクスといいます。

このヒューリスティクスによって、脳は結果を速く出すことができますが、必ずしも客観的・合理的ではなく、間違った結果を誘導することもあります。代表的なヒューリスティクスとして、次の3つがあります（注44）。

注44：萩原一平（2013）、57－62頁。

①利用可能性ヒューリスティクス

日常的なことなど想起しやすい事柄や事項を優先的に評価して、判断・意思決定すること。

例えば、身近で自分に起こった経験などをもとに意思決定することで、自分が経験したときとはいろいろと条件が異なるのに、その部分を無視して失敗するケースなどです。これは、企業を取り巻く外部環境もメンバーの特性も変わっているのに、過去の成功体験をそのまま実行しようとしたり、身近な他社の成功事例を見て、自社の見えない部分の違いを無視したまま模倣したりするというケースなどに当てはまります。

②代表性ヒューリスティクス

特定のカテゴリーに典型的と考えられる事柄や事項を過大に評価して、判断・意思決定すること。

例えば、一般的なマーケット・セグメンテーションの特徴に引きずられて意思決定が行われるケースなどです。その結果、新たな特徴のあるマーケットを見つけ出すことが困難になってしまいます。また、有力なリーディング・カンパニーや成功している海外企業をベンチマークして、文化の違い、市場の違い、地域性の違いも考えず、その指標を重視してしまうケースなどもこれに当てはまります。

③固着性ヒューリスティクスまたは係留と調整

最初に示された情報を基準に、その中に含まれる特徴を重視し、そこを起点に調整を加えることで判断・意思決定すること。

例えば、最初のアンケート結果を重視し、その後の意思決定がその結果に引っ張られ、いつまでたっても解決策が得られないようなケースなどです。

このように、**人は知らず知らずのうちに勝手に何かを基準にして、またはある物事にフォーカスして枠組みを作ってしまい、その結果、早まった意思決定をしてしまう**ことがあります。コーチングにおいても、ヒューリスティクスの影響を受けやすいコーチであればあるほど、判断を誤り、客観的なコーチングを行えなくなり、その持続性も危うくなっていくでしょう。

また、コーチは、自らがヒューリスティクスの影響を受けないことに注意する以上に、クライアントがヒューリスティクスの影響を受けていないかどうかを常に意識している必要があります。

例えば、クライアントの考えが、「私利私欲に引きずられていないか」「自らの提案に思い入れが強過ぎないか」「皆から支持されているような決定に迎合することで、グループ内での争いを抑えようとしていないか」「過去の成功例を引き合いに出して、その類似性から今回の提案の正当性を主張しようとしていないか」「個人の先入観にもとづき、その正当性を示すための根拠として自分に都合のいい情報ばかり集めていないか」「数字によるイメージに騙されていないか」「顕著な特徴に引きずられて他の特徴についての情報がゆがめられていないか」など、留意することは多々あります。

ヒューリスティクスを含め、人は深く考えることが求められる場面でも、脳の「自動システム」により、ついつい深く考えないで解答を導き出そうとする傾向があります。しかし、コーチングの場では脳の「熟考システム」を機能させることが必要になってきますので、コーチは、そうした脳の仕組みをよく理解し、クライアントが熟考できるような環境整備を行うことが求められるでしょう。

（3）他者を客観的に見る（注45）

心理学者によると、**他者に対する見方は厳しいものになりがちだといいます。我々は、自分のことであれば、行動の一部は「状況」に問題があると考えます。**例えば、やらなければならない仕事を終えられなかったとしたら、寝不足、気分が良くない、上司からの指示が遅れてしまったせいなどと考えます。しかし、**他者の行動が我々の期待を下回ると、その人の「能力や性格」に問題があると思いがちです。相手が疲れているとか、遅れているとかではなく、無能で、怠惰であると決めつけてしまう**のです。相手の調子が悪い理由を考えることはほとんどありません。よく知らない相手に対しては特にそうです。他者の不調が状況のせいではなく性質のせいだと考える傾向は、心理学では「**根本的な帰属の誤り**（**fundamental attribution error**）」と呼ばれています。

他者を見る目が厳しくなるのは、脳の自動システムにとって、その方が簡単だからです。一度評価した結果をずっと使い続ければ、精神的エネルギーを減らさずにすみます。相手に何が起こっているのかを会うたびに分析するのではなく、「彼はあまり賢くないから」と思い込むのです。**ストレスに満ちた現代では脳が心配すべきことがたくさんあるため、このように近道をして単純化してしまう傾向が強い**ことを、ハーバード大学のテレサ・アマビール氏などの研究者が明らかにしています。

我々はわずかに観察するだけで、他者の性質や能力に関する多くを判断しています。誰かに愚かで怠惰で不快だというラベルを貼っていると気づいたら、その人の言動のどれくらいが状況によるもので、どれくら

注45：キャロライン・ウェッブ著／月沢李歌子訳（2016）、156-161頁。

いが性質によるものなのか、を考えた方がよいでしょう。考えたからといって、すぐに相手に対する苛立ちを感じなくなるわけではありませんが、**相手を「良い人なのに悪い状況にあるだけだ」と思うことができれば、緊張状態は和らぐ**はずです。

「根本的な帰属の誤り」を避けるには、〝真の事実〟をはっきりさせることが肝要です。真の事実は、確認できるものです。解釈や感情を排除して、実際に起こっていることに目を向けてみてください。友人に無視されていると感じ、「彼女は私を無視している」と思うのは、友人の行動が故意であると解釈しているからであり、真実だと確認したわけではありません。では、真実は何なのでしょうか。「今日の午後、友人に会ったときに何も話しかけられなかった。少なくとも友人に何か言われた記憶はない」。これが〝真の事実〟です。

次に、相手のことを「良い人だが悪い状況にある」ということを前提に、それが相手の言動の原因になっているかもしれないと考えてみましょう。**何らかの事情があるかもしれないと思うだけで、相手を攻撃者ではなく、被害者であると捉えなおすことができます。**そうすれば、我々の脳があまり脅威を感じなくなるので、問題を解決しようと力を尽くすことがたやすくなります。

相手の行動の理由がわかれば、心に余裕をもって前に進めます。好意的な質問をしたり、相手にも良いところがあるのだと考えたりすることで、本当は何が起こっているのかを理解し、事態を打開できるでしょう。

このような習慣を確立すれば、誰かの行為に苛立ちを感じるときは「良い人だが悪い状況にある」と仮定することができるようになります。例えば、3日前に内容の確認を求めるメールを送ったにもかかわらず、いまだに返事が来ていないとします。それを「無視されている」とか「相手は内容が気に入らないのだろ

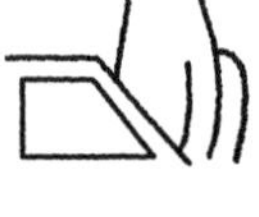

う」とか「自分のことが嫌いなのかもしれない」と考えるのは簡単です。そう判断した結果、あなたはやや厳しい調子で返事を求めるメールを送ろうとするかもしれません。

しかし、〝真の事実〟は、「あなたがメールを72時間前に送信し、相手はその返事をまだ見ていない」ということです。相手のことを「良い人だが悪い状況にある」と考えれば、「メールは迷惑フォルダに入った」「相手はとても忙しい」「相手は休暇中で自動返信機能を設定していない」「相手は内容に関して吟味中で、どう返信をしていいかわからない」「相手はメールの整理ができず全部削除をしようとしているところだ」などといった理由を思いつくことができ、メールの内容も寛大になるでしょうし、電話をかけるかもしれませんし、少なくともしばらくはその件を忘れることができるでしょう。

❹ 脳の「防衛モード」と「発見モード」

脳の「熟考システム」と「自動システム」の性質と同じくらいに重要であるのが、脳の「防衛モード」と「発見モード」という性質です。

(1)「防衛モード」と「発見モード」の仕組み

我々は知らず知らずのうちに「防衛すべき脅威」と「発見すべき報酬」を意識しています。脳が何らかの脅威を感知し「防衛モード」に入ると、我々の判断力は鈍ります。一方、自己認識を高め、ある種の報酬を意識すると、鋭い判断力が働く「発見モード」にスイッチが切り替わります。

我々は、常に防衛モードと発見モードとを行き来しています。**防衛モードのときは、知恵が働かず、柔軟**

性も失われます。防衛モードは、わずかに侮辱されたと感じるだけでも発動されます。一方、**発見モードのときは、自分自身に与える報酬が動機づけになります。**社会的な帰属意識、他者から褒められること、自主性、有能感、目的意識、新しいことを学んだり経験したりすることによって得られる情報、などが報酬になります。

職場での問題解決に最大限の能力を発揮するには、防衛モードから脱する必要があります。直面する状況において報酬となりそうなものに注意を向ければ、発見モードにスイッチは切り替わります(注46)。

(2) エクストリーム・リスニング

我々は仕事に追われ行き詰まったとき、身体が緊張し、言葉が辛辣になり、物事を論理的に考えられなくなります。しかし、そういうときでも、脳を発見モードに切り替えることのできる習慣があります。

ストレスの波が押し寄せてきたと感じたとき、それを押しのける方法はいくつかありますが、**特に簡単で効果的であるのが「深呼吸」です。**もし、防衛すべき脅威が大きなものであれば、呼吸が速くなっているために酸素過多の状態にあります。こういう場合は〝三点呼吸〟という呼吸法が効果的です。3つ数えながら息を吸い、3つ数えながら息を吐き出し、さらに3つ数える間息を止めます。心拍数を下げ、脅威は去ったというサインを脳に送るのです。そうすれば、他のストレスのサインも減っていきます(注47)。

心と身体は、我々が考えている以上に深く絡み合っています。深呼吸以外にも、軽く運動するだけで、知

注46:キャロライン・ウェッブ著/月沢李歌子訳(2016)、20-21頁。
注47:キャロライン・ウェッブ著/月沢李歌子訳(2016)、100頁。

的能力やレジリエンス（再起力）や自信が強化されます。十分な睡眠、有酸素運動、少しのマインドフルネス瞑想などの実践により、脳は発見モードへと転換していくのです（注48）。

こうした発見モードに関する理解は、他者の力を最大限に引き出す際に有効となります。仕事をするうえで、どんなに有能な人でも一人だけで仕事をこなすことには限界があるため、他者の力が必要になってきます。そして、その他者の協力が有益なものになるかどうかは、その人のモチベーションに依存するところが大きい。各々の性格や能力というよりも、その人の「自発性・主体性」がモチベーションを上げることになり、その生産性も高まることになります。では、**どのようにすれば他者の「自発性・主体性」を高めることができるのか。これは、コーチングを行う際の基本かつ重要なプロセスである「傾聴」と「質問」によっても可能となります。**

相手の「自発性・主体性」を高めるには、まず、何が相手の役に立つかを明らかにするような問いかけをする必要があります。介入して何かしらの提案をしてあげることが最大の支援だと考える人も多いと思います。しかし、相手がうまく作業をこなせていないとき、矢継ぎ早に助言しようとすると、矛盾した事態が起こります。例えそれが正確な助言だとしても、です。その場合、多くが相手を落ち着かせるのではなく、責めるようになってしまうのです。「これはやったの？あれは？」と聞いてしまう。すると相手の脳は、我々の善意を脅威として認識し、有意義な思考ができなくなります。会話が終わったときは「やる気が出た。力をもらった」ではなく、「そんなに全部できるはずがない」とつぶやくことになるでしょう。

では、どうすればよいか。**我々自身が解決策やアイデアをひねり出すのではなく、相手がその問題につい**

注48：キャロライン・ウェッブ著／月沢李歌子訳（2016）、21頁。

て考えられるような機会を作るのです。教育学者のナンシー・クライン氏はこれを「**エクストリーム・リスニング（extreme listening：究極のリスニング）**」によって行うのが効果的であると言います。この手法を実践すれば、相手の「自発性・主体性」や自信を強化し、相手の脳を発見モードに保つことができます。また相手に、一歩下がって状況を振り返ることを促すこともできます。脳を発見モードに保って、振り返りの時間を持つことで、優れた思考と優れた成果を達成することが可能となるのです（注49）。

　エクストリーム・リスニングとは、以下の点に留意した傾聴です。①主役はあなたではない、②話題は相手に決めさせる、③相手の話を遮らない、④視線を合わせる、⑤相手に話を続けさせる、⑥主役は相手であり、あなたではないことを、もう一度思い出す。

　エクストリーム・リスニングは、コーチングのみならず、ティーチングの際にも活用できます。第1章第3節で示したように、部下にMust業務を命じたり、部下を管理するにはティーチングが必要となりますが、その際にエクストリーム・リスニングを活用すれば、部下のモチベーションを高め、「自発性・主体性」を損なわせることなく業務を遂行させることもできるようになります。

　相手の役に立ちたいと思うと、アイデアを授けたり、やるべきことを伝えたりしたいかもしれません。相手を監視して、順調に進められるように手を尽くしたくなります。しかし、心理学者は、「自発性・主体性」が最も根本的な動機づけになることを明らかにしています。機会と責任を与えられた人は自信と尊重されていることを感じます。それを奪われれば情熱を失います。特に忍耐を必要とする難しいタスクに取り組むときには、「自発性・主体性」が行動の質を大きく左右する要因であることが研究によって示されています。

注49：キャロライン・ウェッブ著／月沢李歌子訳（2016）、181頁。

他者が高いモチベーションを感じて全力を尽くせるようにするには、何もかも逐一管理することと、すべてを任せることとのバランスを保つ必要があります。

部下を信用できないことから起こる管理では部下のモチベーションが上がらないことは明らかですが、上司による管理が例え部下の力になろうとする行動であろうと、上司が何もかも逐一管理しようとすると、部下は「答えは上司が知っている。自分たちが苦労して考える必要はない」と、何も考えないようになってしまいます。「自分は認められていない」という思いが、部下の「自発性・主体性」を失わせるのです。

完全に管理することと、完全に任せることとの最適なバランスを保つことは可能です。相手の「自発性・主体性」を尊重しつつ、仕事を完成させるために必要な助言を与えればよいのです。そうしたバランスを保つ確かな方法は、相手が自分自身で答えを得られるように促すような「質問をする」ことです。そうすれば相手は、「自発性・主体性」と当事者意識を持ち続けられるでしょう（注50）。

コーチングの良し悪しは、いかにクライアントから「防衛モード」を取り除き、いかに「発見モード」の状態を多く維持するか、にかかっていると言っても過言ではないと思います。そのためにコーチは、「根本的な帰属の誤り」を犯さないようにクライアントを客観視し、「エクストリーム・リスニング」を活用して、常にクライアントから「自発性・主体性」を引き出すことを念頭に置いておくことが大切でしょう。

注50：キャロライン・ウェッブ著／月沢李歌子訳（2016）、186頁。

❺ 繋がっている「脳」と「心」と「身体」

さて、上述したように、我々の心と身体は非常に密接に繋がっています。脳には「考える脳」と「感じる脳」があり、特に、後者の「感じる脳」が我々の心と密接に関連しており、それが身体と繋がっています。これらの繋がりを理解することは、リーダーシップやコミュニケーション形成、そしてコーチングにとっても非常に有効です。

（1）「考える脳」と「感じる脳」

IQ（intelligence quotient：知能指数）に対する概念であるEQ（Emotional Quotient：感情指数、心の知能指数）を広く世に広めた、心理学者のダニエル・ゴールマン氏は、「知的能力や専門知識、ビジネス・ノウハウなどを扱う、考える脳領域」と「情動(注51)を扱う、感じる脳領域」は異なり、共感を生むリーダーシップは「『考える脳』と『感じる脳』の共同作業」だと唱えています。そして、リーダーシップにおける最も本来的かつ重要なテーマは「感情」の問題であり、リーダーはメンバーの感情を左右する最大の

注51：恐怖、怒り、悲しみ、喜びなどの感情には、その当人にしかわからない主観的な側面と、外部から観察可能な側面がある。後者は、感情に伴う自律神経系（交感神経、副交感神経）の活動の変化（心拍数の変動）やその他の身体的変化（顔の表情、筋の緊張の変化）、あるいは、感情が生じている時に示す行動を通じて客観的にとらえることができる。このように、客観的にとらえることのできる、感情の下位概念を情動という。（二木宏明「情動のメカニズムの探求」『RIKEN BSI News. No.3. 1999年3月号』、理化学研究所 脳科学総合研究センター）

力を持っているとも言っています（注52）。

ゴールマン氏は、リーダーの姿勢がメンバーに大きく影響するのは人間の脳のつくりによると言います。脳の情動系を司る部位は他律的、すなわち自分以外の周囲の影響を受けますので、リーダーの姿勢がメンバーに感知され、メンバーに情動的反応が起きることになります。その際に、彼は4つのEQが重要であるとしています。

①自己の自覚（自分の感情の認識）
②自己の制御（自分の感情のコントロール）
③社会的自覚（他者の気持ちの認識）
④他者との関係の制御（人間関係の適切な管理）

リーダーの考え、感情が組織に大きく影響を及ぼすということになると、当然、ポジティブ思考のリーダーの組織のメンバーはポジティブに働き、ネガティブ思考のリーダーの組織のメンバーはネガティブに働く傾向が強くなるでしょう（注53）。

ポジティブなことにせよネガティブなことにせよ、人の感情に大きく影響を与え、また人の気持ちを推し量るのに有効であるのは「顔の表情」であると言われています。

精神行動分析学者であるポール・エクマン氏は、顔の表情が、文化の影響を受けることのない、人類に共通の普遍的特徴であり、生得的性質であるということを明らかにしました。人は人種や民族に関係なく、瞬

注52：ダニエル・ゴールマン、リチャード・ボヤツィス、アニー・マッキー／土屋京子訳（2002）『EQリーダーシップ：成功する人の「こころの知能指数」の活かし方』日本経済新聞社、18頁。
注53：萩原一平（2013）、96-97頁。

間的にいくつかの微表情が顔に表れます。例えば、怒り、恐れ、喜び、悲しみ、愛など、いわゆる基本情動と言われているものは顔の表情に表れますが、これらは無意識に息をするのと同じで、人類共通の特質であると彼は言っています（ただし、顔の表情にどれだけ敏感であるか否かという程度に関しては、人種や民族により違いはあります。例えば、日本人は顔の表情に敏感であるという研究もあります）（注54）。

上述したように、人の脳は、情動系が他者の影響を受ける他律的な仕組みになっているため、相手の情動のスイッチをどのように押すかで結果が大きく変わってきます。リーダーシップは情動脳の働きによるところが非常に大きい。これは、「部下や上司の情動を理解し、相手の『不快情動』を取り除き、『快情動』を生み出す能力」がリーダーシップには必要だということであり、当然、コーチングにおいても当てはまります。そして、この能力は決して遺伝的なものだけで決まるのではなく、他の能力と同様、学習と経験により習得することが可能なのです。

（2）情動感染（注55）

上述したように、我々の感情は他の人に伝染します。建設的な雰囲気をつくり上げるために、この「情動感染」を知っておくことは非常に有益です。情動感染とは、社会性に敏感な脳が、周囲の人々の感情を読み取り、それに同調することです。

ロン・フリードマン氏ら社会心理学者の研究によると、上機嫌な人のそばにいるだけでやる気が高まり

注54：萩原一平（2013）、98頁。
注55：キャロライン・ウェッブ著／月沢李歌子訳（2016）、153頁。

（その結果、より良い成果を達成できる）、不機嫌な人のそばにいると反対のことが起こるといいます。ストレスも伝染します。ある人に前触れなくスピーチを頼んだ場合、頼まれた人が緊張するだけでなく、聞き手にもその緊張感が伝わり、聞き手のコルチゾール（副腎皮質ホルモンの一種。ストレスにより増大する）の値も上昇することが別の研究者の実験によってわかっています。ドイツの研究者によれば、ほんの一瞬でも笑顔やしかめ面の人の写真を見るだけで、大きな幸福感や悲しみの感情が起こるそうです。

（3）笑顔の効用（注56）

笑顔を浮かべてみてください。心からの笑いでなくても構いません。無理にでも笑顔を作ると、脳はそれを「ああ、嬉しい」という意味だと解釈します。その結果、本当に気分が高揚するのです。

作り笑いが持つ効果については、長年にわたって研究が行われています。１９７０年代、心理学者のジェイムズ・Ｄ・レアード氏は、実験参加者が漫画を読んでいる間に、彼ら（彼女ら）の顔に貼りつけた電極に電気を流して、顔の筋肉に小さなけいれんを引き起こしました。１つのグループは、笑顔を作る筋肉が刺激されたため、無意識に笑顔にさせられました。結果、電極を顔の他の場所につけたグループに比べて、漫画をより面白いと感じました。別の研究者は、参加者にペンを横にして口にくわえてもらうことで笑顔を作らせて、同様の効果を認めました。ある研究チームによると、笑顔は不愉快な時間を乗り越える力になり得るということも明らかにされています。冷たい水に手を入れて不快な思いをさせられた実験参加者のうち、作り笑いをした人の方が腹を立てることが少なく、刺すような冷たい水の衝撃を受けても、心拍数が正常に戻

注56：キャロライン・ウェッブ著／月沢李歌子訳（２０１６）、３５９-３６０頁。

るのがより早かったそうです。

笑顔とポジティブな感情との間の双方向のループは「**表情フィードバック仮説（facial feedback hypothesis）**」と呼ばれるものに基づいています。表情フィードバックは簡単に取り入れることができるので、コーチングの際にも知っておくと役に立つでしょう。

精神的あるいは感情的なエネルギーが少なくなってきたら、笑顔を作ってみるといい。心から笑う方が、効果が大きいのは当然ですが、作り笑顔をするだけでも気分は変わるはずです。

（4）人のセンサー機能（注57）

さて、人間には、笑顔のみならず、非常に多くの感覚器官が備わっています。「視覚」「聴覚」「味覚」「嗅覚」「触覚」いわゆる五感と言われているもの以外にも、温度センサーの役割を果たす「温覚」、痛みを伝える「痛覚」、バランスをとるときに使われる上下を感じる「平衡感覚」、身体のさまざまな部位の空間的位置を感じる「固有感覚（運動感覚）」などです。これらの機能を理解しておくことも、リーダーシップやコーチングにおいて重要になってきます。

例えば、人間の耳で聴こえる周波数の上限、すなわち可聴周波数は約20キロヘルツと言われていますが、最近の研究で、人はこの可聴周波数を上回る周波数の音を聞き取ることができるということが科学的にわかってきました。

可聴周波数を超える音は、熱帯雨林の自然環境音やさまざまな文化圏の楽器演奏音に豊富に含まれてお

注57：萩原一平（2013）、154-157頁。

り、この音が脳の報酬系と言われる「快情動」を得る際に活動する部位を活性化させているということを明らかにした研究もあります。この可聴周波数以上の音が人の「快情動」を司る脳部位を活性化する現象を「ハイパーソニック効果」といいますが、研究により視覚情報についても同様の可能性があることが示唆されています。

このような「感覚」の機能を理解しているのといないのとでは、企業経営、企業運営のいろいろな場面で違いが出てくるでしょう。

例えば、可聴周波数を超える音が、人に「快情動」を与える報酬系の脳部位を活性化するという知見があれば、コーチングをする際にも、社員に熱帯雨林の自然環境音や多くの文化圏の楽器演奏音などを聴かせる機会を増やすでしょう。視覚や触覚に関しても同様です。こうした取り組みを導入し、維持し続けることも、コーチングを持続可能にする一つの手段となり得ます。

ここでは、「感情」や「感覚」の機能とそれが伝染していく意味について概観しましたが、特に「笑顔」の重要性について触れました。コーチも人間です。何か嫌なことがあれば、落ち込むこともあるでしょうし、憤慨することもあるでしょう。しかし、コーチングを行う際には、その感情はコントロールしなくてはなりません。もし、コーチが感情的になって自己をコントロールできない状態でコーチングセッションに臨めばどうなるでしょうか。結果は明らかです。逆に、いつも笑顔の状態でコーチングを行えば、コーチのその笑顔は、クライアントを安心させ、クライアントの思考を助けることになるでしょう。

❻ フィードバックの効果（注58）

コーチングがその導入時においてどんなに効果的でも、他者の能力を最大限に引き出し、それを持続可能にするには、建設的なフィードバックを行って、仕事の質を向上させたり、事態を正しい方向に戻したりする必要があります。

しかし、**「相手のためを思って」という前向きな意図があったとしても、否定された人の脳は当然、警戒態勢に入ります。**これは実体のない脅威の典型的な例です。こうした否定は、受け取る側の自尊心、社会的な立場などを損ないかねません。自分の行為が間違っていると言われた人の脳が、防衛モードに入るのを防ぐのは難しい。ネガティビティ・バイアスが働くからです。大人げないとわかっていても、脳は言い訳を探したり、辛辣な言葉を返そうとしたり、問題が過ぎ去るのを待ったりするのです。

相手の問題点を改善してもらいたい場合、あるいは、相手の提案を修正してもらいたい場合など、どうすれば、このような防衛反応を引き起こすことなく、こちらの提案を受け入れてもらえるでしょうか。その秘訣は、**相手が間違っているとは言わない**ことです。**部分的に相手の正しい点を見つけ、それに関連させて提案をする**のです。**そうすることで、相手を発見モードに留めたまま、より知的で率直な会話ができるようになります。**問題を避けて通るのではなく、事態を悪化させずに改善の方法を探すのです。そして、このような姿勢を習慣化していけば、コーチングはより持続可能となっていくでしょう。

注58：キャロライン・ウェッブ著／月沢李歌子訳（２０１６）、１８９-１９３頁。

以下に、相手にフィードバックをする際、自主的に行動の改善を促すようなフィードバック方法を３つ紹介しましょう。

（１）最初に相手の良い点を伝える（Yes, and…）

●まず、相手に「私が良いと思っている点は…」と言って、相手の提案や考え方に関して有意義で具体的な例を挙げましょう。できれば、１つだけでなく２つ以上の方がより客観性が伝わり、効果的だと思います。改善を提案する前に、できるだけ多くの肯定例を示すことを心がけます。

●それを行った後に、「…すればさらに良いものになると思う」と提案します。

我々の多くは、否定する前に肯定的な言葉を述べるのが有効であることは知っています。しかし、**単に「褒め言葉を並べる」だけでは、効果はさほど高くありません。**それよりも、**「肯定的な点を具体的に伝える」ことの方がより高い効果を得られる**ことが証明されています。

肯定的な点を具体的に説明することが重要な理由は２つあります。一つは、そもそも人間の脳が、抽象的なものより具体的な考えを処理して覚える方が得意であるからであり、もう一つは、ネガティビティ・バイアスが働き、報酬よりも脅威に反応するからです。肯定的な言葉であっても、ただ漠然と「あなたはすばらしい」と称賛されるだけでは、その後で改善すべき点を具体的に並べられることによって、相手の脳の中では称賛されたことは相殺され、否定的なものばかりに注目するようになります。したがって、称賛は否定と同じように率直に伝えなければなりません。「それはすばらしい」と単に言うだけでなく、何が特にすばらしいかを具体的に説明するのです。そうすれば、こちらが相手の言動に価値を置いていることを理解してもらえるでしょう。

また、「…すればさらに良いものになると思う」というような提案の仕方は、こちらの言いたいことを伝えながらも、相手の自信や自尊心を傷つける危険性が少ないので、ぜひ試してみてください。

この「私が良いと思っている点は…」「…すればさらに良いものになると思う」という2つの言葉を使えば、自分の意見を述べながらも、相手を発見モードに留めておける可能性が高くなります。会話が友好的かつ生産的なものになるだけでなく、さらに、良いと思う点を見つけようとすることで、否定的な目では見逃していたかもしれないことに気づく機会も多くなります。

（2）「なるほどそういう考え方もありますね。しかし…」（Well, but…）

- 相手の提案に明確な事実誤認などを見出した場合でも、いきなり「それはおかしいですね」といった、相手を幻滅させる言葉を使うのを避けましょう。
- 提案を否定せず、自尊心を傷つけないように「なるほど、そういう考え方もありますね」という前置きをした後に、修正すべき点を伝えることを心がけましょう。

相手の提案に明確な事実誤認や至らない点を見出した場合でも、まずは相手の考えをいきなり否定することは避けましょう。いきなり相手の間違いを指摘してしまうと、相手は防衛モードに入ってしまい、例えそれがどんなに有益な指摘であってもその後の指摘を聞かなかったり、下手をすれば、その後の行動自体が消極的になってしまったりする可能性もあります。

一旦、「なるほどそういう考え方もありますね」と前置きをした後に、損失の可能性や、それを軽減する方法などについて説明すると、相手は発見モードを維持したまま、自らで自らの間違いに気づき納得し、改善のための行動にシフトしていくでしょう。

（3）「うまくいくにはどんな条件が必要ですか？」

●「うまくいくはずがない」と言ってあれこれ理由を述べるのではなく、「うまくいくにはどんな条件が必要ですか？」と尋ねて、相手に考えることを促しましょう。

この質問の仕方は、相手に「間違いだ」というラベルを貼って否定するのではなく、相手の可能性を探ることを目的としており、相手が自らを愚か者のように感じることを避けることができます。

「その企画には多額の費用がかかりますよ。あなたの見通しは甘い。本当ですよ。そういった例をたくさん見てきましたから」と否定するのではなく、「間違っている」という言葉は避けて、異なった角度から考えさせるように促せば相手のモチベーションは下がりません。「条件が揃えば、その企画はうまくいくでしょう。どういう条件が考えられるかな？」とすれば、相手の脳を防衛モードに追い込むことなく、相手は別のアプローチを探ろうとするでしょう。

コーチングにおいて、フィードバックは非常に重要なプロセスの一つです。しかし、相手のことを考えるあまり、ついつい力が入ってしまって、ティーチング気味になることも多々あるようです。コーチングの主役はあくまでもクライアントですので、それを絶対的な前提として頭に入れながら、ここで紹介したフィードバックの手法にぜひチャレンジしてみてください。

❼ 休憩時間の効果（注59）

我々は、疲れていても気力を振り絞れば、生産的に働くことができるのでしょうか。いいえ、残念ながら、休むことなく働き続けても1日の成果を最大化することはできません。**どんなに忙しくても、休憩をはさむ方が、生産性が上がる**ということが、科学的に明らかにされています。

我々は、日々、小さな意思決定をし続けています。例えば、誰かが自分の陰口、事実でないことを広めていることを知ったとします。その人に「それは違うとはっきり言う」べきか、「見過ごす」かの決断をしなければなりません。はっきり言うのであれば、どう言うべきか（直接的に言うのか、どの程度遠回しに言うか）。こういった単純な一瞬の選択ですら、複数の選択肢の良い点と悪い点を考え、比較検討し、次にどうするかを決めなければなりません。つまり、意思決定は、脳のエネルギーを大量に消費するのです。決断をする機会が増えるほど、代替案や修正案を考える認知能力が損なわれます。これを科学者たちは「**決断疲れ（decision fatigue）**」と呼んでいます。

例えば、疲れているときに買い物をすると、あまり賢明な購買決定ができないことが研究によって明らかにされています。倫理的に正しい意思決定をしたり、安全規制に従ったりするのも難しくなります。病院職員を対象に行ったある調査では、休憩なしで長時間勤務した場合、大切なこととはわかっていても、基本の衛生規則を守らないケースが増えるということも明らかになりました。

注59：キャロライン・ウェッブ著／月沢李歌子訳（２０１６）、86-88頁。

こうしたことが起こるのは、脳の熟考システムが疲れてしまい、正しく役割を果たせなくなるためです。その結果、思考力は落ち、自制がきかなくなり、集中力が下がり、先のことをあまり考えられなくなります。さらに休憩なしに働き続けると、熟考システムの代わりに自動システムが動き出します。つまり、脳は最善の選択ではなく、ヒューリスティクスによる最も簡単な結末―性急な解決法、白黒がはっきりした答え、目先の興奮、ありきたりの選択、現状維持など―に飛びつきやすくなるのです。

ちなみに、空腹のときは、こうした傾向がさらに強くなると言われています。熟考システムの一部が、どんどん強くなる空っぽの胃袋の要求やその対応を考えることに使われてしまうからです（「早く終わらないかな」「いったん抜け出してキャンディをなめようか」などと考え始めます）。身体の他の部分と同様に、脳が機能するには血糖が必要です。しかし脳は、他の部分とは異なり、あまり血糖を蓄えておくことができないため、機能を保つには定期的に食べ物を口にする必要があります。そのため、いくら仕事熱心で真面目な人でも、休みなく働けば疲弊してしまいます。どんなに望んだところで、脳の注意力や分析力をずっと最高の状態に維持することはできないのです。ちなみに脳の血糖値が下がった場合、ナッツを食べると安定すると言われています。

ここでは、休憩の効果について示してきましたが、コーチングは熟考を必要としますので、コーチングを行うコーチ側もコーチングを受けるクライアント側も、知らず知らずのうちに「決断疲れ」を起こしてしまいがちになります。しかし、「決断疲れ」によって導かれた「答え」は、クライアントやコーチが目指すものとはかけ離れています。そうした状況を避けるには脳をリフレッシュさせることが必要不可欠であり、要所要所で「休憩」を入れることは、クライアントに真の気づきを促すうえで、非常に効果的と言えるでしょう。

❽ 性別の違いを活用したティーチングの可能性

近年、「女性活躍」を進める動きが注目されていますが、ここで男性脳と女性脳の違いについて(注60)の知識を深めれば、コーチングに限らず、企業経営全般において、その動きを人道的に進めるのではなく、女性と男性のそれぞれの特性を活かす形で戦略的に進めることがいかに重要であるかということに気づくと思います。

男性の脳と女性の脳とでは、そのつくりや性質が異なる部分があり、それにより行動パターンにも違いが出てきます。この違いを生み出しているものとして遺伝的・生得的な要因と学習や経験など後天的な要素の両方が考えられますが、コーチングを含めリーダーシップの実践において、そして実は効果的なティーチングを行う際に、この違いを理解しておくことは非常に重要です。

まず、脳の部位に関して、男性の方が大きい部位と女性の方が大きい部位があります。例えば、恐怖に関わる情報を処理する脳部位（扁桃体）や空間的知覚に関連する部位（頭頂皮質）は男性の方が大きく、一方、高次認識機能領域が含まれる部位（前頭皮質）や情動反応に関連する部位（大脳辺縁皮質）は女性の方が大きい、とされています。

また、脳部位の成熟度合いも男女で異なります。一般的には、脳の成熟は女性の方が早く、恐怖やリスクへの積極性に関する部位（眼窩前頭野《がんかぜんとうや》）の成熟度は男性の方が女性より早いと言われています。その差は3

注60：萩原一平（2013）、102-107頁。

歳までになくなるそうですが、成人になっても、リスクへの積極性には性差が見られ、脳部位（眼窩前頭野）の活性パターンも異なります。

さらに、不快な出来事を記憶にとどめる際の脳部位（扁桃体）の活動が男性では主に右側、女性では左側が活性化し、男性と女性では脳内で情緒的な記憶を扱う方法が異なるといいます。

また、気分の高揚などに関係する脳内化学物質であるセロトニンについても、男性の方が、セロトニン合成が活発に行われ、脳内でセロトニンが早く作られているという研究もあり、この違いにより、女性の方がうつになりやすいとも言われています。

あくまでも統計的・平均的ということですが、男性は空間把握能力が高く、これはシステム化する能力が高いからであり、一方、女性は言語能力が優れており、これは女性の方が共感する（他者が体験する感情などの心理状態あるいは他の人の主張などに対して、自分も同じように感じたり理解したりする）力が大きいからだと言われています。これらのことから、あくまでも平均的ということになるかもしれませんが、女性は言語能力に優れ、共感能力が高いということが言えるでしょう。共感に関して言えば、他者の顔に表れる喜び、悲しみ、怒り、愛、恐れなど情動的な反応を読み取る実験において、被験者に顔の写真を見せたときに、女性は男性に比べて、早く正確に情動を読み取ることができたとのことです。特に、女性は男性の表情を読み取ることに長けており、男性は同性、すなわち男性の怒りの表情を察知する能力が女性より優れているということが明らかになりました。

もちろん、男性でも共感力の高い人はいますし、女性でも寡黙な人はいます。しかし、脳には先天的か後天的かは別にして、男女差、もう少し言えば個体差があり、その違いを理解することが重要であるということは間違いないでしょう。

最後に「脳梁《のうりょう》」について触れておきましょう。脳には左右の大脳皮質間での情報交換のために、右脳と左脳をつなぐ脳梁という２億〜３億本の繊維の束がありますが、この脳梁の太さは男性よりも女性の方が大きく、言語処理を行う際には女性は左右両方の脳を使っているのではないかと言われています（男女で脳梁の太さに差はないという研究もされているようですが、脳の大きさの違いを考慮して比率的にみると、女性の脳梁は男性より平均で５％程度太く、左右の脳間での通信時間も５％程度速いと推定されています）。したがって、女性は右脳と左脳を自由自在に行き来するので、会話好きで、男性よりも楽しくおしゃべりをすることができます。

脳梁の太さは、「過去・現在・未来」の記憶の行き来にも影響していると言われています。女性の脳梁は太いため、男性よりも「過去・現在・未来」を容易に行き来できるようで、そのため、男性よりも過去にこだわることが多いとされています。一方、男性の脳梁は女性に比べ細いため、「現在」において「過去」を思い出すのは女性よりも困難とされています。

まだまだはっきりとしていないことが多い状況ではありますが、上述したことから、**外部環境の変化に対する脳の適応の仕方が男女では異なる**ということは言えそうです。となると、やはりコーチングの場でも、男性脳と女性脳の違いを知っておくことは大切だと思います。しかし、上述したように、この違いの理解は、実はティーチングの場で活かされることの方が多いと思います。

ここでは、男性脳には「空間把握能力が高いため、物事をシステマティックかつ論理的にとらえることができる」「リスクに敏感」「セロトニン合成が活発であるため、楽天的である」といった特徴があり、女性脳には「情動反応が敏感なため、共感力が高い」「言語能力が高い」「セロトニンの分泌が女性ホルモンの増減と連動することから、うつになりやすい」といった特徴があることを確認しました。もちろん、男性脳、女

性脳にかかわらず、個々人の脳に違いがあることは明白ですが、ただ、大まかな傾向として、男性脳と女性脳との違いを上司が理解していれば、性別の違いをうまく活用した指示・命令あるいは管理が可能となるはずです。

　例えば、女性のいるチームはグループIQが高いという実験結果もあります。メンバーに女性がいた方がいいという結果は、まさにダイバーシティ・マネジメントの必要性を示唆するものです。企業における女性管理職や女性役員の比率を高めることが叫ばれていますが、重要なのは数や比率だけではなく、男女の違いをどのようにリーダーシップやマネジメントに活かしていくかということでしょう。

第3章

そもそも《実践型コーチング》と日常の《1on1コーチング》とは何なのか

市丸邦博
コーチ・コントリビューション株式会社代表取締役

第1章、第2章では、コーチングを持続可能にする基盤や、リーダーの個としてのマインドなどについてお話ししてきました。本章からは、そのベースを築いたうえで、組織にコーチングを根付かせていくためのヒントについて、実例を用いながらご紹介してまいります。

❶ コーチング導入にまつわる、大きな挫折

２０１０年、私は、それまで勤めていたメーカーを退職し、地元福岡に戻って、コーチ・コントリビューション株式会社を立ち上げました。コーチ養成機関で学んだコーチングを使って、勤務先の営業活動で実践したり組織変革に着手していた私は、この「コーチング」という対話手法に大いなる可能性を感じ、「もっと多くの組織のお役に立ちたい」と思うようになったのです。それから11年が経ち、４００社の企業様のビジネスにコーチングを通して貢献できるようになりました。

しかし、その一方で、自社の組織創りには苦労が付きまといました。

11年前の私は当然、コーチングに大いなる可能性を感じていましたから、もちろん「コーチング」を重視した、いえ、重視どころか、コーチング一辺倒のマネジメントを行っていました。序章で述べた誤解の一つ「コーチングは万能である」と信じていたのは、他ならぬ私自身だったのです。

最初に入社してくれた社員はＢさんでした。Ｂさんは、それまで大手企業に正社員として勤めていたものの、設立間もない私の会社のビジョンに共感してくれ、創業メンバーになったのです。それまでトップダウ

ンの会社で指示待ちだったBさんと、「コーチングで世の中を変えていくんだ」と息巻いていた私。コーチングの有用性を明確にすべく、Bさんにはコーチングだけで関わっていました。

「今までの仕事で、一番夢中になった体験は？」
「今までの人生で、一番夢中になった体験は？」
「Bさんの強みは○○だね」
「将来、どんな事を実現したいか？」

常に感謝を伝え、言語化してもらう1on1コーチングの機会を1日1回30分は設けていました。30分どころか、1時間、2時間かけていたこともありました。コーチングの、しかもポジティブな部分ばかりを使って、なんとかBさんに頑張ってもらおうと思い、それこそ付きっきりで関わっていました。何しろ会社には私とBさんしかいないわけですからね。

徐々に仕事にも慣れ、私との関係性も良好になっていったBさんでしたが、当時決定的な短所がありました。どうしても朝起きられずに、月に何回か遅刻をしてしまうのです。また、売上目標が未達成のときでも、すぐに諦めてしまうようなところもありました。こうしたときであっても、私はBさんの可能性を信じ、ティーチング（指示や指導）をすることなく、コーチングのみで関わり続けたのでした。

一年が経ち、Bさんが1人で成果を上げることができた矢先、事業拡大のため、弊社では新たなマネージャーを採用することになりました。そして、無事採用できたマネージャーAさんにBさんを部下として任せたのです。するとどうでしょう。これまでコーチングによるマネジメントしか受けていなかったBさんは、ティーチングも織り交ぜたAさんのマネジメントに苦慮するようになります。具体的に言えば、遅刻に対する指導や、ノルマ達成に向けた命令などにだんだん気持ちがついていけなくなったのです。一方で、Aさんのマネジメントの元、全社の業績は徐々に上がっていきました。Bさんもなんとか必死に食らいついていきましたが、やはり私のコーチング一辺倒のマネジメントに慣れてしまっていたこともあってか、限界を感じ、気持ちがおちていきパフォーマンスも減少していきました。

私はこのときに経営者として実感しました。

「コーチングだけの育成では、組織の発展も兼ねた人財育成においては限界があるのだ」と。

実際、コーチングだけしか受けてこなかったBさんは、自分では選べない「上司」という存在に対して、柔軟に対応することができませんでした。私のやり方が必ずしも間違っていたとは思いませんし、Aさんのやり方も事業発展のためには必要なかかわりでした。では、何が必要だったか。それは、**コーチングとティーチングを適切なタイミングで使い分ける**ことでした。これをコーチ・コントリビューション株式会社では、「**実践型コーチング**」と定義しています。

もしも私が適切にティーチングも使いながらBさんと関わっていれば、Aさんと出会う前にもっと基礎的な営業力を手に入れられていたでしょうし、ティーチングを受けることへの耐性も身に付いていたと思います。一方で、Aさんにもう少しコーチング的なかかわりが入社当初から身に付いていれば、Bさんの主体性も活かしながら営業力をさらに高めていくこともできたように思うのです。

本書で語っているのは、一般論でも正論でもありません。私がコーチング会社を経営していく上で、さまざま試行錯誤しながら、クライアント様の生の声、経験上から学んだことをベースに、持続可能なコーチングのあり方を見ていこうというものです。

❷《実践型コーチング》とは、どんな対話か？

今、皆さんは、ご自身の組織の社員に対して、どのような育成をしているでしょうか？

また、将来を見据えて、組織発展のためどうしていきたいと考えていますか？


一番大切なのはなんといっても「リーダーシップ」でしょう。厳しい環境下で、どのような判断、決断を明確に示していくのか。部下たちはその一挙手一投足を見つめています。そしてリーダーがリーダーシップを発揮するのに、コーチングは欠かせない対話手法と言われるようになってきました。コーチングは今や世界の共通言語といえるまでに世界中に普及しています。


「日本の組織では、今どのくらいコーチングが浸透しているでしょうか？」

「皆さんは今、どのようなコーチングをしていますか？」

「上手くいっているコーチングはどのようなものでしょうか？」

「課題になっているコーチングはどのようなものでしょうか？」

《実践型コーチング》《1on1コーチング》の定義

「実践型コーチング」
⬆
【日常の育成】
目標達成に向けた「コーチング」と「ティーチング」をミックスした日々の対話

【個別の育成】
目標達成に向けた「1on1コーチング」

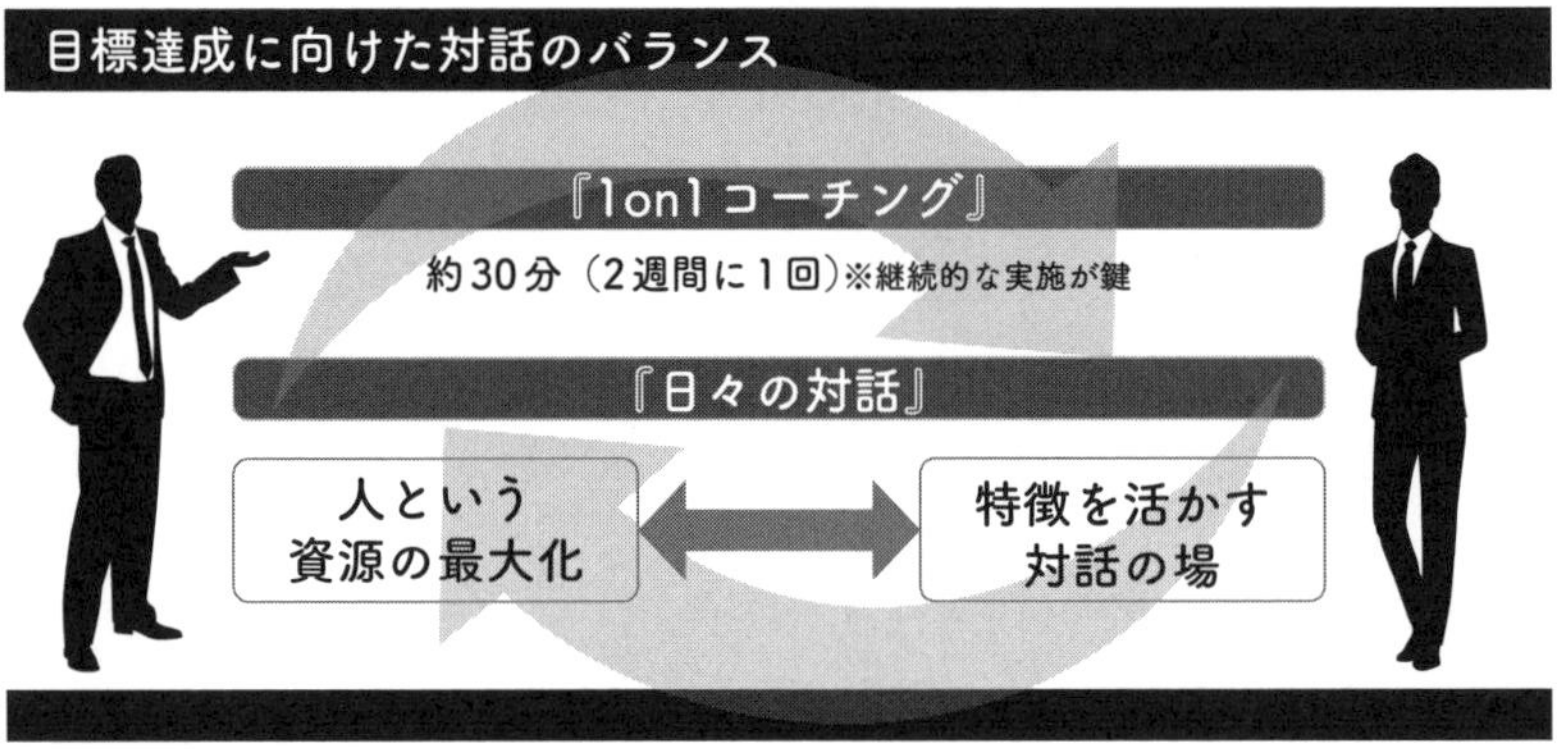

コーチングについてお話をする際、相手の方からよく言われるのが、「うまい質問を投げかけ、相手に考えさせる対話ですよね」「相手を褒めればいいですよね」といったスキルに偏った捉え方です。そして、一定期間スキルを学んだだけで、「コーチングが身に付いた」として学びを終えてしまいます。そんなプログラムも実際に存在しています。しかし、コーチングはスキルだけではありません。スキルや知識の定着は図りつつも、それらを現場で活用し続けるため、実践的なコーチングプログラムの場を提供し、目標達成に向け、継続的に成果を上げ続けるリーダー・組織へと導いています。

とはいえ、序章でもお伝えした通り、コーチングは万能ではありません。人を育成する中で、多くのリーダーは、質問したり、自分の感情に任せて怒ったり、指示したり、「ティーチング」と「コーチング」の2つの対話手法による人財育成

を無意識で行っています。そうではなく、**目標達成に向けて、コーチングとティーチングを使い分ける。**その重要性を、実践を通して体得していきます。

❸「コーチング」と「ティーチング」をミックスした日常対話

ここからは、日常対話における「ティーチング」と「コーチング」の使い分けについて、実践に即した形で述べていきましょう。

まずはそれぞれの特徴についてみていきます。

(1)「ティーチング」の特徴

「ティーチング」とは、リーダーがメンバーを育成する中で、知識を与えて育成する対話手法です。指示すること、命令すること、時には罵声を浴びせることも、ティーチングと呼ばれ、日本の企業、教育、医療、家庭の中で、最も活用されている対話手法です。

ティーチングとは、「自分が持っている知識、技術、経験などを相手に伝えること」「時には怒ること」「指示命令をして相手に伝えること」です。知識を与え、メンバーを育成する手法、それがティーチングです。

日本教育では、学校教育をはじめ、企業、組織での人財育成の中でティーチングが活用されています。「教育＝ティーチング」といっていいほど、一般的に使われています。

【ティーチングが機能する3つの場面と成果】

① 知識を与えるとき

新入生、新人職員、部署異動した職員には、組織のルールやコンプライアンス、マニュアルを教えることが必要です。

② 緊急性が高いとき

トラブルなどの緊急事態の際は、ティーチングで、すぐに判断してもらう必要があります。また、リーダー自らが、指示命令をして、トラブルを収めることも必要です。

③ 短期的に成果を上げる場合

今月のキャンペーンなど、短期的に目標を達成するためには、ティーチングが必須です。ただし、これを繰り返し行うと、現場が疲弊していくということもリーダーとして知っておく必要があります。

【ティーチングだけの育成が起こす3つの弊害】

世界から約30年遅れをとっていると言われる中で、これまでと同様に、一辺倒のティーチングを積み重ねると、以下のような3つの弊害ができます。この3つの弊害を変えることが、改革であり、真の組織改革・教育改革です。

①指示待ち人間が蔓延する

夢と希望を持って、この組織、チームに入ったにもかかわらず、「どうせ言ってもしょうがない」という諦める風土では、メンバーの可能性を台無しにします。これは、組織に問題があるだけではなく、リーダー自身が、メンバーの可能性を台無しにしている可能性もあるということです。

②自分のコピー以下しか育たなくなる

リーダーのミッションの一つに、自分以上の人財を育てるということがあります。しかし、一辺倒のティーチングだけをしていくと、自分のコピー以下しか育たなくなります。やがて、組織には新陳代謝がなくなり、衰退の道を辿ります。帝国データバンク様の調査によると、次期後継者がいないことで廃業が増えているという実態もデータとして挙げられています。

③考えや価値観の違う人にティーチングのみの育成手法を行い続けると与えられた以下しかしなくなる

2：8の法則にあるように、自分と気の合う人や強みや特徴、性格が似ている人には、1言ったことを、相手は10理解して自分で考えて行動できます。つまり、この場合は、ティーチングの育成手法が有効に機能します。

しかし、まったく違う特徴の人にティーチングだけを行うと、〝心ここにあらず〟で、与えられた以下の仕事・学習しか行わなくなります。

このように、ティーチングは、重要とされる反面、弊害も内包しています（ティーチング一辺倒だとなぜこのような弊害が生じるのか、ということについては、第1章、第2章をもう一度読み返して、ご自身で考えてみてください）。そこで、この3つの弊害を変えるのが、「コーチング」です。

（2）「コーチング」の特徴

「コーチング」とは、リーダーがメンバーを育成する中で、知識を与えるのではなく、メンバーに質問し、メンバー自身に考えさせ、発言してもらう対話手法です。リーダーは、メンバーが話したことを、しっかり聞いて、受け止めて、相手に好奇心を持って関わっていくことが重要です。特に重要なことは何を投げかけていくかということ。一番投げかけたい問いは、「グッドニュース」です。

「今日、何が上手くいったか？」など、人はいいことを聞かれると、いいことを探す脳になり、主体的な意思で行動できるようになります。

旧態依然の組織では、「何が上手くいかないか？」「ミスばかりをしてどうしてくれるのか？」といった問いが多い傾向にあり、この問いばかりを受けると、夢と希望を持ち組織に入ったものの、「どうせ言っても意味がない」と諦める人もいれば、はたまた、いつしか無意識のうちに、しなければならないことに追われて、指示待ち人間になる場合も多くあります。またメンバーがリーダーとの距離を無意識にとってしまうようになることで、本質的な対話をしなくなる傾向も多く発生しています。もちろん、グッドニュースを知るだけでなく、「今の本質的な課題は何か？」「何が上手くいけば変化が生み出せるか？」そんな問いを投げかけることで、本質的な対話をする関係性を持てればさらに良いでしょう。

ただし、一つ注意する点として、**リーダーが持っている答えに誘導することは「コーチング」ではない**

ということです。この対話手法には、リーダーは、メンバーが持っている強み、その人しかない可能性、特徴、また逆に、悩みや、不安、実現したいことに対して、興味を持ち、聞くことが重要という前提があります。あくまでも、自分のために対話をするのでなく、相手の成長のために、相手の話に興味を持ち、聞くという**コーチング・マインド**(注61)が重要となります。それらを身につけることによって、短期的な成果を上げるティーチングと違い、中長期的に成果を上げることができるようになるのです。

【コーチングが与える影響力】

お互いの存在を認め合うことで、さらなる信頼関係を築けるようになります。

言いたいことが言える職場環境に変わり、本音の対話を重ねる中で一体感も増し、全体視点を持った主体性ある行動が増えます。

【コーチングが適さないケース】

- **知識を与えるとき**
- **緊急性が高いとき**
- **短期的に成果を上げたいとき**

結果、もっとも重要なのは、「**コーチング**」と「**ティーチング**」**が真逆の特徴・性質を持っていることを**

注61：国際コーチング連盟の定義では、開放的で、好奇心を持ち、柔軟性があり、メンバーを中心に据えた、思考態度。

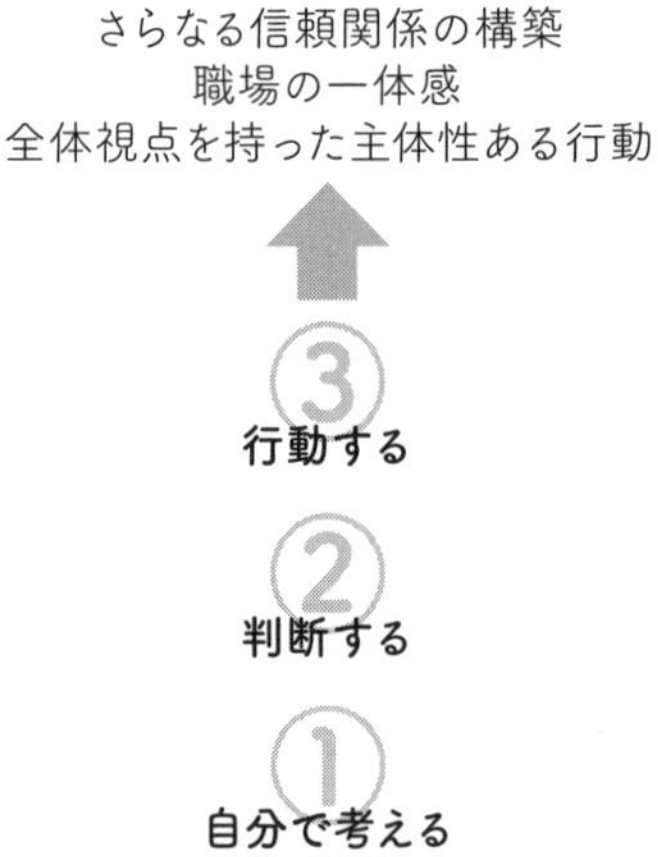

リーダーが知ったうえで実践していくことです。

●日常の育成：目標達成に向けた「コーチング」と「ティーチング」をミックスした対話

意図的に意識的に実践していくことが重要ポイントです。

●個別の育成：目標達成に向けた「1on1コーチング」

また日常の育成において個別育成をより最大化するためにも「1on1コーチング」でその人の強み、可能性、実現したいことを深く知っていくことが重要ポイントです。

ここまで「ティーチング」と「コーチング」の特徴を整理してまいりました。多くの経営者の方は、ティーチングはすでに身につけていらっしゃるはずなので、その対話手法は維持しつつ、コーチングという対話手法をアドオンしていくイメージを持つと分かりやすいでしょう。

さて、冒頭のBさんに対して、私は「コーチング」一辺倒のかかわりをしていたわけですが、一定の成果は上がりました。その後上司が変わったBさんは、ティーチング中心のAさんのマネジ

メントになかなか慣れることができませんでした。一方で、ティーチングによって好むと好まざるとにかかわらず営業の基礎力を身につけていったBさんの業績は、Aさんがマネジメントして以降、一時的であれ上昇したのも事実です。つまりは、局面において、コーチングが機能する場面もあれば、ティーチングが機能する場面もある。いずれかに傾倒するのではなく、うまく併用ミックスしていくことで、それは結果として、部下にとっても、成果と成長の双方を手に入れることができるのです。

かつての日本の組織では、高度経済成長による成功モデルを踏襲すべく、上司は部下に対して、ティーチングをして育成していました。これは読んで字のごとく、「教える」こと。知識を与えて育成していくことです。また、教えるのみならず、指示すること、命令することもここに含まれます。今の豊かな日本があるのも、ティーチングのリーダーがいて、勤勉性をもったメンバーがいたからに他なりません。頑張っていれば昇進もあり昇格もあった右肩上がりの時代では、ティーチング一辺倒の育成でも十分機能していました。そして今でもティーチングの重要性は一定程度存在していることも確かです。しかし、バブルがはじけ、上昇気流を描けなくなり、今、日本は世界から30年の遅れを取っています。その理由の一つには、**成功モデルがすでに崩壊しているにもかかわらず、ティーチング一辺倒のリーダーがまだまだ多い**という現状実態があります。

知識付与や緊急事態の場面では、過去も現在も未来も、確かにティーチングが大事です。ただ、世界から遅れていると言われる日本で、一辺倒のティーチングをし続けるとどうなるかというのは、すでに大手電機メーカーが東南アジアの企業に買収されるなどの結果が証明しています。

改めて、ティーチングが蔓延することによる、組織内における代表的な2つの弊害をわかりやすくご紹介しましょう。

1つ目は、指示待ち人間が増えてしまうことです。夢や希望をもって組織に入ったり、そのポジションに就いたりしたものの、「どうせ言っても組織は変わらない」と思ってしまう。それは、そもそも本人の問題もある一方で、経営者やリーダーが、そのメンバーのやる気、才能を台無しにしてしまっている場合もあるのではないでしょうか。

2つ目は、リーダーのミッションは、自分を超える人財を育成することであるにもかかわらず、ティーチングだけの育成をしていくと、結果、自分のコピー以下しか育たなくなるということです。よって、新陳代謝ができなくなる。次期後継者や次期マネージャーが育たず、結局、上の立場の人間しか業務を遂行することができないのです。

もしこうした弊害が起こっているのであれば、ティーチング一辺倒のマネジメントを見直し、コーチングの対話をどの場面で誰に使っていくのか、どのように埋め込んでいくのかということを戦略的にやっていくことがとても大切になってきます。

1997年から日本に入ったコーチングが、なぜ多くの日本企業に広がりながらも、なかなか根付いていかないかというと、「コーチングがすべて」という概念が一緒に入ってきたからです。かく言う私も、かつ

てはそう思っていたわけですが…。しかし、日々の対話で大切なのは、とにかく「ティーチングとコーチングを使い分け、ミックスして育成する」ということに尽きます。

では、どうやって使い分けていけばよいのか、その一例をご紹介しましょう。次頁の図を見てください。横軸が能力の高さ、縦軸が仕事の難易度の高さを示しています。

例えば、まだ経験が浅く能力が低い、成果が上がっていない社員にとってその仕事の難易度が高いという場合にどうしていけばいいか。これはもちろんティーチングですね。ティーチングでしっかりと業務の基礎を教えなくてはなりません。ティーチングした後にコーチングでどのくらいできているかといった確認をするなど、ミックスすることが必要です。

また、能力は低いが、この人から見て仕事の難易度も低いという場合、実はここもティーチングをするケースもあるようですが、できればここではコーチングを使い、主体性を育み、誰にもある可能性を最大化したいところです。しかし、組織の重要なティーチング要素は指導していく必要があります。

また、コーチングで一番インパクトを発揮できるのは能力が高い社員です。彼ら（彼女ら）が、難易度の高い仕事に取り組むとき、どうやってそこをうまくやっていくのか。この事業をどうやってより良くしていくのか。ここにコーチングで問いかけていきたいわけです。ただし、方向性等はティーチングする必要もあります。

実践型コーチング（日々ミックス対話の連続）

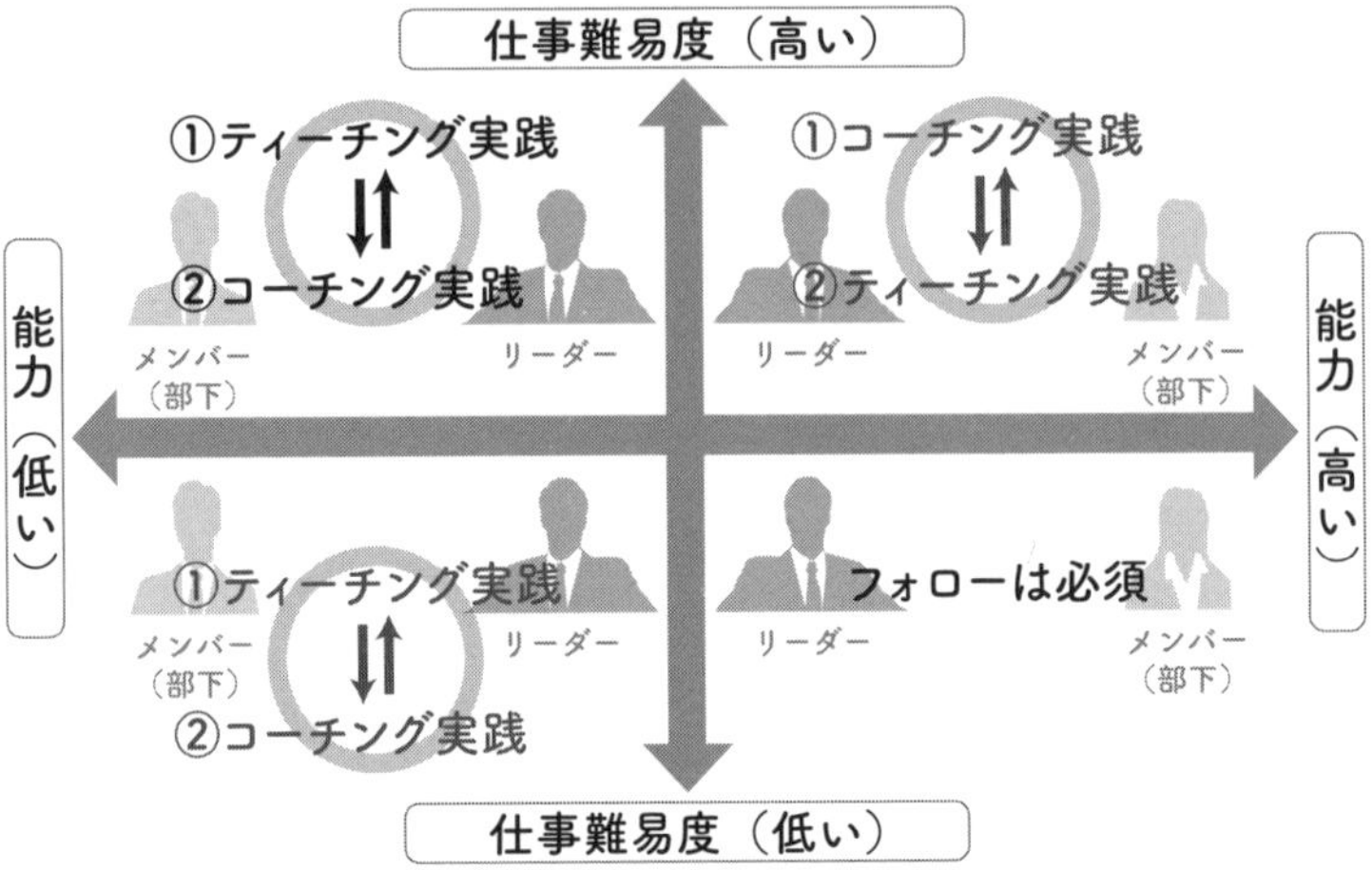

ちなみに、能力が高い社員が、彼ら（彼女ら）にとって難易度が低い業務を行う場合、ここにコーチングもティーチングも不要です。ただ、フォローはしないといけません。フォローしないとどうなるかというと、労働環境が非常に流動化している中で、社員のモチベーションが下がってしまったり、はたまた優秀な人財が別の会社に抜かれてしまったりしてしまいます。ですので、フォローは必要ということになります。

これらをメンバーと状況を見ながらどう使い分けていくか、ということがとても大切であり、我々のプログラムでも重要視しているモジュールです。

これらのタイミングを理解していないとどうなってしまうのでしょうか。それは上司・部下の双方にとって不幸な結果が待っています。日本のみならず、世界で活躍するリーダーの中には、自分の感情に任せてティーチングしたり、質問したかと思ったら、また怒ったり、相手や場面に関係なく、支離滅

裂に行っている人もいるようです。

またその一方で、継続的に成果を上げているリーダーが何をしているかというと、**目標達成に向けて今は教えるべきタイミングなのか、もしくは問いを投げて考えてもらうタイミングなのかなど、相手や場面にあわせ、それを意図的、意識的に使い分けることで、目標達成に導いていきます。**

ぜひ成果を上げ続けるリーダーになる為に、次のことを自らに問いかけてみてください。

「コーチングとティーチングを、誰にどのようにミックスして育成していくか？」
「それにより、何を実現していきたいか？」

ちなみに、組織によってはこの《コーチング》と《ティーチング》という概念を全社員に共有して、各カードを作り、話すときにカードを使いながら『今はティーチング』『今はコーチング』と日常の場面でも双方が共通認識できるように可視化する組織も増えています。

❹ 相手の特徴を知るために重要なコーチングスキル「聞く」・「承認」

前節で、コーチングとティーチングを相手の特徴や場面に合わせて使い分けることが重要だと述べました。

この《実践型コーチング》の効果を最大限に発揮するには、**双方向で対話をすることが大切**です。対話を通して相手の特徴を知り、その相手と定期的にかかわり続けることで、目標達成に導くことができます。そのために《1on1コーチング》を定期的に実施します。

コーチングスキルの中でも、中核となるのが、「聞く」と「承認」です。次のことを考えてみてください。


「人は自分の話を聞いてもらえないと、あるいは聞かれないと、どうなるか？」

「人は自分の話を聞いてもらえると、どうなるか？」

「人は認めてもらえないと、どうなるか？」

「人は認めてもらえると、どうなるか？」


いかがでしょうか。弊社開催のコーチングプログラムにおける実践事例をご紹介します。

●聞いてもらえない、認めてもらえないと……

「自分の居場所がないと感じる」

「自分は必要ないと感じる」

「自分はどうでもいいのではないかと感じる」


会社組織では退職、大学では中退、学校では不登校。自殺や犯罪にも繋がりかねません。

●聞いてもらえる、認めてもらえると……
「自分の存在意義がはっきりする」
「やる気が出て、自分で行動したくなる」
「成長したいと強く思う」
「組織、社会のために、自分がどう貢献できるか？自分が主体となり目標に向けた行動がしたくなる」

このように、自分に自信が出て、自分の意思で、今の組織、社会に貢献したいと思えるようになります。

話を聞くこと、承認することの重要性を理解したうえで、「今後、誰に聞いて、誰を認めて、その人しかない可能性見つけていきたいか？」とご自身に問いかけてみてください。

❺ 1on1コーチングの主役は誰か？

主役とは、つまり話す側。メンバー本人です。

しっかりメンバーの話を聞き、特にそのメンバーの長所、個性、過去〜現在のこと、そして将来どうしていきたいかについて聞き、一番の理解者となれるように関わっていくことが求められます。

また悩んでいることやうまくいかないことも聞き、認めて、そのうえでどうやったらできるようになるかを一緒に考えていくような、そんな対話をしていきたいものです。

では、1on1コーチングの頻度はどのくらいが良いのでしょうか。正解はありませんが、弊社がお伝えしているのは、2週間に1度、30分〜1時間くらいが望ましいということです。

その時間は、メンバーのための時間であり、相手のための時間です。相手が主役です。

95%以上は話を聞いて、好奇心を持ちコーチングだけを実施していきます。

なお、対話をする際は記録をとるなど、ツールを効果的に使うといった工夫が重要です。ただし、ツールだけを使い、リアルに対話をしなければ表面的になってしまう危険性もあるため、両方を駆使することが求められています。


終わった後は、感想、情報提供、目標達成に向けた支援を共有します。

そして日常に戻った後は、1on1コーチングで知ったメンバーの特徴を活かした対話を行っていきます。ティーチングとコーチングを使い分けて育成していき、より速い成長を促していきます。

❻ 1on1コーチングで『メンバー』を知る前に、まず『自分』を知る

リーダーシップにおいて一番重要な概念は、**「自分が自分を知っている深さ、大きさ以上に、相手を知る事は出来ない」ということ。「相手を知る」ということは、「自分との違いを知る」ということなのです。**

次の問いは、自分を知るという意味で必須項目です。

仕事中でなく、週末もしくは朝、昼、夜にでも1時間程度確保し、深く探索したい問いです。また、1on

1コーチングでも活用できる問いかけ集です。

《過去への問い》自分の特徴を知る

1. 私が過去、「最も夢中で楽しかった体験（自分らしさが出た体験）」は？【仕事❶】
2. 私が過去、「最も夢中で楽しかった体験（自分らしさが出た体験）」は？【仕事❷】
3. 私が過去、「最も夢中で楽しかった体験（自分らしさが出た体験）」は？【家族／プライベート】
4. 私が過去、「最も夢中で楽しかった体験（自分らしさが出た体験）」は？【人生】
5. 1～4の共通項は？　相違は？

《過去～現在の問い》自分の特徴を知る

6. 私が人生の中で、大切にしていることは？
7. 私がやりがいを感じて、モチベーションが上がるのは？
8. 毎日の中で、楽しく充実している瞬間は？
9. 私が生まれてから、今まで感謝していることは？

《未来への問い》無限の可能性

10. これからの人生で、どのようなことに挑戦したいか？

《未来への問い》今から未来を創る

1. 実現したい大きな夢は？
2. 何のために、それを行いたいのか？
3. それを実現することで、自分・周囲・組織はどのような幸せを感じることができるか？

4．それを実現することで、地域、日本、アジア、世界など、どのくらいまでの人々に影響を与えたいか？
5．1年後には、何を実現したいか？（　歳）
6．3年後には、何を実現したいか？（　歳）
7．10年後には、何を実現したいか？（　歳）
8．20年後には、何を実現したいか？（　歳）
9．キャリアを引退する時、どのような言葉をお世話になった方々に伝えたいか？
10．あなたは、今からの人生にどのような変化を起こしたいか？
11．1～11を実現するために、人生で何を学び、何を得たいか？

そもそもコーチングとは何なのでしょうか？

さまざまな定義がありますが、弊社は、究極的には「**目標達成するための対話**」だと定義しています。


「人生において何を実現したいか？」

「今の組織で何を実現し、どんな目標を得たいか？」

「今年一年の目標は何か？」


さまざまな目標をつくり、それらを達成するために本人の主体性を引き出す関わり方こそがコーチングの神髄です。未来の主体性を描くために、**自分を知り**、**相手を知る**のです。

人は言われたことをやるよりも、自ら主体的に取り組んだことの方がより長期的に、モチベーション高く、生産的に動くことができます。

株主や外部に言われて受動的に対応するよりも、自社でアイデアを出し、能動的に構築していくビジネスの方がやりがいがあり、最終的に実現の可能性も高いのではないでしょうか？

「何のためにビジョン・目標を実現したいか？」

「ビジョン・目標を実現するとどんなことが得られるか？」

このような問いを自分自身が更新していくことで、メンバーそれぞれとの《1on1コーチング》にも深く浸透していくはずです。

「一人ひとりにそこまで時間をかけるほど、現代ビジネスに余裕はないよ」

そう思われている方もいらっしゃるかもしれませんし、それは一理あります。しかし、1on1で定期的にコーチングを行うことで、**部下は指示待ちから自走する人財に変化する可能性を秘めています。**実践型コーチングをブラッシュアップさせるためにも1on1は不可欠です。また、上記のプロセスはあくまでもプロのコーチがリーダーにかかわる際のベースとなるプロセスを共有しているもの（弊社の認定コーチによるコーチングの場合は、1回あたり50分程度）で、必ずしもこの通りに進めなければならないものではありませんし、ビジネスの現場において時間がないときは、必要なプロセスのみ行うこともあります。

実際に、お互い時間がないときは、一日5分間だけ行うことも効果的です。朝の始業前や商談前の移動中のちょっとした時間にもコーチングは可能です。

雑談の中でも、

「今日は、目標に向けてどんな行動をしていきたいか？」

「お客様に、何を提供したいか？」

「１日が終わった時にどんな状態でいたいか？」

このように問いかけることが、その人を育て、その人の主体性を引き出します。


人財育成は今まさにこの瞬間、瞬間を大切にすることの積み重ねに他ならないのです。

特別コラム

人事評価制度における《1on1コーチング》の位置づけは？

株式会社あしたのチーム 代表取締役社長CEO　赤羽博行 氏

弊社とコーチ・コントリビューション社の共同事業として、２０２０年５月より、弊社取締役の堤雄三を中心に、「**人事評価制度における1on1コーチングの位置づけは？**」というプロジェクトをスタートさせました。

人事評価制度の構築において３５００社の実績を有する弊社では、人事評価制度を「**会社の目標を達成するための重要なプラットフォーム**」と定義しています。そしてコーチ・コントリビューション社では、コーチングを「**目標達成に向けた対話手法**」と定義していることから、人事評価制度における評価面談の手法の１つとして、「１on１コーチング」「実践型コーチング」を導入することは、目標達成という同じ目的に向け大変相乗効果の高い取り組みであることが分かってきました。とはいえ、評価面談において、評価対象となる社員（部下）によっては、まだ十分なビジネススキルや知識が身に付いていない（例えば、新入社員など）など、ティーチングが必要な場合もあるため、あらゆる場面でコーチングという方法を持ち込むわけではありません。

人事評価制度における面談は、大きくは「①目標設定面談」「②中間評価面談」「③評価面談」の３つに分けられます。多くの企業で導入されている目標管理制度（ＭＢＯやＯＫＲなど）において、スタートの目標設定面談でボタンを掛け違えると、部下が納得しないままに目標だけが一人歩きし成果につながらないことが多々あります。この目標設定面談においても、「１on１コーチング」「実践型コーチング」を用い本人が自ら目標を設定することで、その後の意欲が異なってきます。

また、中間評価面談においては、「何ができていて、何ができていないのか」を本人が自覚し軌道修正することが重要になりますが、その際もティーチングばかりに偏らないように、普段の行動からひとり一人の強みと改善点を、日頃の言動から具体的にフィードバックする「1on1コーチング」「実践型コーチング」が有効です。組織のビジョンを共有・浸透させ、エンゲージメント（自主的貢献意欲）を高めていく上でも、抽象的な言葉で表されたビジョンが、日々の行動にどのように使っていくのか、そのビジョンを持った社員がどのように行動しお客様とコミュニケーションをとっていくべきか、自ら振り返ってもらう為にも、「1on1コーチング」「実践型コーチング」は非常に機能します。

一方で、忘れてはいけないのは、「評価に関連する面談というのは、非日常イベントであり、着地点の一つである」ということです。つまり、日常領域の対話やコミュニケーション、日々の業務改善なくして、評価面談だけで組織変革を実現させることは難しいと言わざるを得ません。

日常領域の対話で上司が部下と関係性を築き、部下の強みや個性を活かせるよう普段から対話を積み重ねていく。このように、「1on1コーチング」「実践型コーチング」を行う前提の日々のコミュニケーションこそが最も大切です。

そんな日々の対話の積み重ねを、評価面談や目標設定面談というイベントを通じて、双方のコミュニケーションで合意形成していく。日常と非日常のたすき掛けで、組織を改善していく。そのためにも、自社組織の人事評価制度とコーチングをどう連動させて導入するのか、1社1社の組織でどんな目的を持って、効果を期待して「1on1コーチング」「実践型コーチング」を継続していくかが、これからの組織変革の鍵となるでしょう。

第4章 真にコーチングが根付くと、組織は自走する

市丸邦博
コーチ・コントリビューション株式会社代表取締役

❶ 組織のトップがコーチングの浸透を停滞させている？

第3章では、主にコーチングとティーチングの関係性についてみてきましたが、第4章では組織へのコーチングの浸透を妨げているものについて触れていき、それらがもし取り除かれた場合に起こり得る可能性にも言及していきたいと思います。


さて、皆さんの組織の成長の妨げになっているのはどこの層でしょうか？

もしコーチングを導入しようとした場合、浸透を妨げるであろう層はどのあたりになりそうでしょうか？

もっと分かりやすく言いましょう。

今後、誰が変われば組織が良い方向に向かっていきますか？

全員が変わればそれに越したことはありませんよね。しかし、全員変わるためには、まず、特に誰が変われば良いのでしょうか？


それは、何といってもトップに尽きます。トップが変われば、変化もそれに伴う成果も最大化することが期待できます。

「部下に主体性が足りない」、「あの階層さえ意識を変えてくれたら……」と、嘆いていらっしゃる経営者を、私も何度も見てきましたが、まず変わるべきは何といっても経営者自身なのです。部下や社員を変えるには、まずはトップが変わることが必要です（主体変容）。なぜなら、人は周りに言われても変わらないか

ら。だとしたら、まずはトップが変化を生み出し、その変化を周囲に感じ取ってもらうしかありません。

「社長も本気になってやろうとしている。自分たちも変わらなくては……」と、周囲が思わず感じてしまうレベルにまで変化を起こしていくことができれば、組織は自走していきますし、そのような例を私自身何度も見てきました。

つまりは、第1章と第2章でお示しした、**リーダーに不可欠なパラダイムの確立やその構築に影響を及ぼす脳科学的な知見などをベースに、経営者自身がコーチをつけ、自分自身を見つめ直し、変化を求めると、その結果、周囲へのかかわり方も変化していく。**すなわち、実践型コーチングができるリーダーへと変貌するのです。

実践型コーチングができるリーダーを目指していくにあたり、経営者は、後継者育成に向け、次世代の幹部や社員を育てていくため、目標達成に導いていきたいわけですが、目標、つまり業績向上、生産性向上といって、やみくもに「やれ」といってもなかなかモチベーションは上がらないものではないでしょうか。では、何を促していけばよいのでしょうか。世界の先進的な考えでは、「促すべきは成長だ」と言われています。一人の社員からでも、「成長したい」と本気で思うようになれば、ひいては組織全体が成長し、結果として生産性も向上していくのです。

では、コーチングの中で、成長とは何でしょうか。キーワードは2つあります。

1つ目、「ブラッシュアップ」させること。生まれてからこれまでの経験則を通じて、良いところは伸ばし、逆に、弱点は標準まで導くのです。

2つ目、人が成長するときは、新しいチャレンジをするとき。よって、新しいチャレンジを促したいものです。

つまりは、「ブラッシュアップ」と「新しいチャレンジ」を社員に求めたいわけです。ただ、ここで大切なことは、**「相手に求める前に、まずは自分が変わっていく」**ということです。

これが一番大事なのです。

第3章でも何度か登場した私の元部下であるBさんの話に戻しましょう。コーチ・コントリビューション設立時に、入社してきたBさん。私はBさんに、コーチとして関わり続け、Bさんに変化を促し続けました。それは一定の成果を挙げたものの、今思えば、私には一つの視点が欠けていました。それこそが、**「自分自身がまず変化すること」**でした。

当時の私は、コーチング一辺倒だった自分に気づき、効果的なティーチングを活用するスタイルを取り入れる必要がありました。難易度の高い業務に取り組むうえで、Bさんに足りない知識やノウハウがあれば、その都度丁寧に教える必要がありました。それにもかかわらず、私は「コーチングは万能である」と頑なに信じ続けたのです。

Bさんはきっと思っていたことでしょう。

「市丸さんは私には変化を求めるが、市丸さん自身は何も変わっていないじゃないか」と。そのことに気づいたのは、Bさんが退職してしまってからのことでした。

旧態依然の組織のトップは、現場に対して「変われ、変われ」と言います。ただし、それはあくまでも「周りの人間」。そうではなくて、自分自身も新しいチャレンジをしながら、相手にも実践型コーチングで関わることで気づきを与えていきたいものです。

❷ 継続の実践と仕組みの重要性

リーダーは自身も変わっていくことが求められていると述べましたが、厳密には、変わり「続ける」ことが求められます。私もよく聞くのですが、「俺は変わった。次は君たちが変わる番だ」という態度で、自分はこれ以上変化することをやめてしまったり、部下を威圧したりする経営者がいらっしゃるようです。それでは、部下は付いてきませんし、せっかく変化してもまた元に戻ってしまいます。

実践型コーチングができるリーダーは、「組織の変革者」です。リーダーが、組織において求められることは、メンバーの選択肢を広げ、実行のサイクルを回すこと。

リーダーはまず組織の中にある考え、アイデアを引き出し、つまりは選択肢を広げていく役割を担っています。そして、そのプロセスにおいて、多くの人を巻き込み、主体的に行動することが求められます。

メンバーをはじめ、上層部や関連部署、ときには外部の顧客や業者と共通のビジョンを共有し、コミュニケーションによって物事を進めていきます。

また同時に、リーダーはメンバーの行動の中から新しいアイデアを拾い、それを提案していくことも求められています。リーダーはこれらの実行のサイクルをどんどん回していく必要があるのです。

こうしたサイクルを回していく上で、自分自身が変わり続けなければ、到底継続は実現しないでしょう。

私のクライアントさんにAさんという方がいらっしゃいます。Aさんは誰もが知る大手企業の経営者の方ですが、そのような地位を築いていらっしゃるAさんであるにもかかわらず、すでに私とのコーチングは10年に渡ります。

以前、一度Aさんに聞いたことがあります。「Aさんほどの方が、コーチングを受け続けていらっしゃる原動力は何なのですか？」と。

そのときのAさんの答えは、とても印象に残っています。

「現在のようなスピードの速いビジネスシーンの中で、取り残されやしないかと常に不安と戦っている。現状維持では退化に等しいからね。だからこそ、自分から変化を起こし、組織にもその流れを伝えていく必要があると思っている。変化を起こすには、常に今の自分に向き合い、常に振り返りを自分の想いのままに語らないと前に進めない。組織内では話せないことをコーチングセッションの場で多々話すことで、瞬間、瞬間で変化を起こしていきたい。コーチングは私にとって、今の自分を映し出し、必要に応じて軌道修正を促す鏡のような存在だよ」

こうした高い意識をお持ちだからこそ、この企業は今も勝ち続けているのだ、と妙に納得したものです。

そして、私自身も、一経営者として襟を正すきっかけをいただきました。

あなたは、どんな変化を起こし『続けたい』ですか？

❸どんなリーダー像が求められているか？

「変化を起こし続ける必要性については分かった。でも、どうやって変化を起こし続ければいいのかが分からない」

これまでティーチング一辺倒で経営を行ってきたリーダーからよく聞かれる質問です。

結論としては、**「聞き続ける」**こと。そして、それによって**「アクションを起こし続ける」**ことです。

リーダーには、組織のパフォーマンスを最大限に向上させるという重要なミッションがあります。そのためには、自身が発信するだけでなく、聞き役になることも求められます。すなわち実践型コーチングができるリーダーになること、時にコーチングだけでかかわることができるかが重要なのです。

「なんだ、そんなことならもうやっているよ」

そう思われた方もいらっしゃるかもしれませんね。でも、それは本当の意味で、「聞いている」と言えるでしょうか。

松下電器産業（現パナソニック）の創業者である松下幸之助氏が経営者として部下と接する際には、どんなに末端の社員の言葉であっても耳を傾け、メモを手放さなかったという話は有名です。「経営者が自分の発言に耳を傾けてくれる」部下や現場の社員にとってこれほどモチベーションが上がるかかわりはないでしょう。また、そうしたかかわり方でモチベーションが向上した現場からのアイデアが、経営者の視点からは気づかなかった新たな視点やアイデアをもたらしてもくれることもあります。

そして、聞くことと合わせてもう一つ重要なリーダーとしての在り方が、**「フィードバック」を真摯に受け、自身の変化につなげる**ことです。

第2章でもその効果が示されていますが、フィードバックを受ける際は、経営方針からメンバーとの個々のコミュニケーションに至るまで、さまざまな角度から受けることが望ましいでしょう。また、メンバーも全方位的に選んでいけることが望ましいですね。とはいえ、「何でも遠慮なく言ってほしい」といきなり言っても、部下はそう簡単には本音を言ってくれないかもしれません。序章でも述べた通り、フィードバックやコーチングアップは、ともすれば仕返しをされてしまうのでは……という不安が付きまとうからです。

そうした組織風土では、変化を起こす土壌は決して生まれません。ですから、まずは根気強く「聞き続ける」ことで、「社長は、我々の意見を聞こうとしてくれている」という信頼関係を構築すること。そして、その信頼関係が強固になってこそ、部下からのフィードバックやコーチングアップが生まれてくるものだと思います。

「そうは言っても、これまで人にフィードバックを受けたことなどないし、社員が本当はどう思っているのか聞くのは正直怖い」と思われているかもしれませんね。

でも、コーチを付けている多くの経営者自身もまた、コーチングを受けています。自らコーチングを受け、自分の言葉で実現したいことを自由に描く。描いたことを主体的に実行することがコーチングです。その上で、もちろんフィードバックも受けています。

ある経営者は、２０１１年１回目のエグゼクティブ・コーチングで「会社経営を更に軌道にのせ、オリンピック出場に向けた取り組みをしたい」とおっしゃいました。私は、それを聞いて承認して、「それが実現したらどんな幸せ、充実があるでしょうか？」と質問しました。

その方は、今まさにオリンピック出場に向けて、会社経営と、乗馬経営に力を注ぎ、人・組織の可能性を開いています。

そして、これが一番重要ですが、会社内の経営層、内部の方からフィードバックをもらう機会を持つ場合も当然あるでしょう。こうしたフィードバックは、特に変化を促す必要がある際に有効です。

逆に、日頃からフィードバックがなかった場合はどうなるでしょう。

私のクライアントのＢさんの事例を少しご紹介します。Ｂさんは信頼していた部下からある日退職を告げられたのですが、以下はその際の部下からのメールです。

「Ｂさんのビジネスセンスや交渉力はとても勉強になりましたし、尊敬していました。

でもどうしても自分の中で納得ができないことがありました。それは、すべてＢさんの指示通りに動くしかなかったことです。私は私のアイデアや実力を試してみたかった。でも、Bさんはそれを許してくれませんでした。いや、もしかしたらやらせてもらえたかもしれませんが、それを提案する勇気が私にはありませんでした。だからすみません、今回私はそれができそうな環境で再度頑張ってみようと思います。これまで本当にありがとうございました」

この文面を読んだとき、Bさんは、脳天をハンマーで殴られたようなショックを覚えたそうです。可愛がっていた部下が、実はこんなことを思っていたとは。そして、提案すらできないほど、自分は周囲に恐れられていたのかと。

右腕を失ったBさんは、それからほどなくして、私のもとに相談にやってきました。

「フィードバックを受けられるようになりたいのだが、どうしたらいいか」と聞いてきたBさんとのコーチングはそこから始まりました。数年経った今では、社員の誰もが相談をしに来る役員になられています。

本節の最後に、自分を変革するために、一番の問いをご紹介します。

「自分がもっと成長するために、どんな変化が重要か？」を大切な人から聞く機会を持つことです。

仕事、時には、プライベートで一番関係性の深い方に、上記の問いを投げて、

自分の成長の余地を聞いてみましょう。

そして聞いて、実行できる部分から実行してみましょう。

万が一心の準備ができていない方は、タイミングや状況にあわせ、コーチをつけて自己肯定感を満たした中で行うといい場合もあります。

❹ 目標達成の仕組み

ここまで、リーダーが変化することの難しさと重要性を述べてきました。でも、誤解しないでいただきたいのは、「変化は『手段』であり、『目的』ではない」ということです。ビジョンと目的を描き、目標を主体的に達成していくことが重要です。そして、コーチング型リーダーにもゴールというものがあります。

対話のすべてをコーチングに変えるのではなく、コーチングを日常の場で応用し、目標達成に導いていきたいわけです。

どうも組織には３パターンほどあるようです。

１つ目は、トップダウンの軍隊組織です。実はこれは非常に強い組織を創ります。そして、こうした組織のトップがコーチングを学べば、２～３ヶ月で劇的に変化があります。

その対極にあるのが、仲良し集団です。こうした組織には厳格なルールもない。遅刻を繰り返していたＢさんにきちんと指導できなかった黎明期の弊社もここに含まれます。こうした組織では、コーチングにおいて不平不満や課題を聞いた中で、まずは必要な事柄をティーチングしていった方が効果を上げます。

もう１つは、トップダウン組織と仲良し集団のちょうど中間です。一番望ましい状態は、この中間集団です。緊張感があり、ベクトル共有できていて、その中でどうやったらうまくいくかという問いを投げ合える、そんな組織が一番理想です。

ですので、皆さんの組織の状態によって、当然コーチングの導入の仕方も使い方も変わっていきます。もちろん、どのように導入していくかについては、組織の状態をきちんと把握したうえで、導入前に綿密に設計し、進めていく必要があります。ただし、一つだけ共通しているのは、いずれの組織においても、まず変わるべきはトップであり、トップこそがいち早くコーチングを受け、コーチングを学ぶべきだということに尽きるでしょう。

会社の目的は、目標である売り上げ収益を高めていくこと、そして継続的に成長していくことです。20世紀型組織であれば、極端な話、株価上昇だけを目指していけばよかったかもしれません。けれども、現在の21世紀型組織はどうかというと、「社員・お客様・地域の幸せのために」何を実現していきたいか？会社のトップのみならず、対話を通して共有共創する機会を継続的に創出する事が重要です。

では、それを実現していくために、コーチングを使ってどうしていけばいいかといえば、リーダーが社員に、コーチングとティーチングを使い分け【実践型コーチング】育成を行っていくのです。主体性と生産性が高い社員を一人でも多く育てるためです。一人でも主体性と生産性の高い社員が育てば、その社員からモチベーションが高いお客様が創造でき、そしてそこから成長して収益を上げていくことが可能になります。

21世紀型組織として、そもそも「経営者はたまたリーダーとして何のために自社の経営（自分の仕事）を行っていきたいか？」という問いを日々、自分・周囲に投げかけ、考え、主体的に行動し、そしてその継続により、組織は自走に向かいます。

第5章

事例

「自ら進んで動くという行動力の向上」を目指して

紀洲良彦
株式会社個別教育舎代表取締役社長

この章では、1対1で寄り添うという対話教育を実践的に行うことで全国131教室を展開する個別指導・学習塾「1対1ネッツ」の株式会社個別教育舎　代表取締役社長　紀洲良彦氏に、コーチングの有用性について、コーチ・コントリビューション株式会社代表取締役の市丸よりお話を伺いました（注62）。

なお、紀洲氏とは、すでにコーチングを導入・活用いただいていた株式会社TVQ九州放送　経営企画室長　徳永浩一氏（前総務人事部長）にご縁をいただき、株式会社個別教育舎とコーチ・コントリビューション株式会社との関係構築が生まれ、教育改革のコーチングが始まっています。

――まず、貴社の創業時のお話をお聞かせください。

私たちは対話式進学塾「1対1ネッツ」という小中高校生向けの学習塾を運営しています。

今年2月で創業20周年を迎えましたが、20年間どんなことをやってきたのかということの前に、まず私の自己紹介をさせてください。

私は長崎県の五島列島の出身です。大学進学のため島を出て、その後、鹿児島、福岡、大阪、東京と生活拠点を移していったのですが、そういう経験を通じて感じたのは、「五島列島はやはり田舎なんだ」ということでした（笑）。

新聞の朝刊が、夕刊ぐらいの時間にくるわけですよ。島を出て知り合った友人などからは、「電気はきてるんですか？」とか聞かれるような島で育ちました。

注62：2021年3月　第7回COACHING実践事例発表　最優秀賞　株式会社個別教育舎代表取締役社長　紀洲良彦氏　コーチング実践事例発表。2021年4月テレビ東京系列「テレQ」にて『人が変わる　組織が変わる　未来に向けたコーチング　個別教育舎編』

仕事のため東京に行ったときは、カルチャーショックを結構受けたんですけど、教育関係の仕事をしていたということもあり、地域による教育格差を強く感じるようになりました。東京には学びの場の選択肢がたくさんあります。振り返ってみると、九州で私たちが会社を始めた20年前というのは、東京ほどの選択肢はなかったですし、相当な格差があったように思います。

最近はインターネットの普及に伴い、東京と変わらないような教育が受けられる環境が整ってきていると思うんですけど、当時はまだインターネットもそれほど普及していませんでしたしね。

それで２００１年、福岡の中央区に、生徒一人に先生一人というマンツーマンの学習塾を始めることにしました。当時、福岡には、個別指導塾というのはあるにはあったんですけど、生徒さんが三人とか五人ぐらいに先生が一人とか、中には生徒が八人とか十人に先生一人で、それで個別指導と言っているような環境でした。周辺で塾をやっている先輩方にはよく言われていましたね。「1対1の塾なんてすぐつぶれるよ。そんなのうまくいくはずないじゃないか」と。

どうしても学習塾の場合には、場所代と人件費が支出の大部分を占めるため、その中の人件費が通常以上にかかるというのは、経営を圧迫する大きな要因となります。それでも創業時より、「生徒一人ひとりに向き合った1対1の個別指導」という特徴を出していきたいと考えていたため、まずは数学に力を入れようと取り組みました。

――なぜ数学だったのですか？

その質問、本当に数多く聞かれます（笑）。数学が苦手だとなんとなく勉強が苦手というイメージありませんか？　逆に、数学ができる子は勉強できるというイメージを持たれやすく、また、数学は理解するのは難しいかもしれませんが、一度理解してしまえば結構点数が取れる教科でもあるんですよね。ですから、「まず数学をやりましょう」と入塾してくれるご家庭、生徒さんにはご提案しました。すると、数学の点数が上がってくると、「ほかの教科も勉強したい」「英語も理科もやってみようかな」といった形で自信に繋がり、勉強への姿勢が変わってくるということが起きていったんです。

そんなわけで最初の頃は、「つきっきりの1対1で、数学をメインに教えている塾です」ということでやっていきました。おかげさまで、創業後4年で30校舎まで教室数を増やしていくことができました。

――でも、昨今の少子化の影響もあり、経営は楽ではなかったと思うのですが……。

たしかに20年前に比べて、18歳未満人口が大体8割ぐらいに減ってしまっているという状況があるのは事実です。ただし、実際この推移に学習塾予備校の市場規模というのを重ね合わせてみると、この20年間あまり変わってないんです。それはさまざまな企業さんや塾さん、予備校さんが工夫を重ねて少子化を跳ね除けてきた数字なのかなと思っています。

私たちもいろんなことをやりながら20年間やってきました。それで11年目に100校舎を突破するという形になるんですけど、これぐらいのタイミングから個別指導塾っていうのが急激に増えてきたんですよね。それによって、競争がどんどん激化していくようになってきたわけですが、このあたりから私たちもより一層新たな取り組みを始めるようにしました。

「1対1指導で生徒が自己実現する」ということをテーマにしているわけですが、学習塾というのは、民間企業とはいえ、教育行政の影響を大きく受けてもいます。例えば、学校で教える内容が変わったり、入試形態が変わったりする。そうすると塾がやらなきゃいけないことも変わるということが実際起きてきます。

例えば、創業10周年を迎えた2011年ぐらいに、「国際規格ではかると、日本の子どもたちの学力が落ちている」ということが叫ばれていました。そして、そのあたりに入試のあり方が変わったんですね。福岡県の公立高校入試問題は、「社会科の問題が全国的に見ても良問だ」とよく言われていました。そういう問題って解く方は大変なんですよ。いろんな知識を単純に知って答えるだけではなくて、いろんな知識を組み合わせて答えなければいけないですから。そして入試全体もそういう流れに変わってきたわけですね。そうすると塾もその流れに対応しないといけない、ということで私たちが始めたのはハイブリッド型でした。

――ハイブリッド型とは？

最初は1対1メインでやってたんですけど、そこにグループ制の進学教室を入れていくことにしました。そこで役割分担をして、グループ指導では、受験のテクニックや知識の伝達を中心にやっていき、1対1指導では、グループ指導で得た知識をアウトプットしてもらう。自分の知識を確認したり、深めたり。本当に苦手なものについては、定着するまで丁寧にやったり、という風に役割分担をしていく形にしました。

そのハイブリッド型の導入が、弊社の1回目の転換点でしたね。創業時から1対1指導だったので、「グループ指導もやるよ！」と言うと、社員には結構反発されました。「1対1が肝じゃないんですか？」と反発されたり、中には露骨に、「私は嫌です」と言う社員もいましたね。

でも、入試が変わっているし、1対1の対話式の強みを活かすためにはそこで知識を伝達するのは時間がもったいない。そこはやはり1対1しかできないことをしようということで、まず取り組んだのが「1対1指導の場では生徒の答えを否定しないようにする」ということでした。グループ指導がテストだったりすると、どうしても○×が出てしまうわけですが、せっかく１対１でやっているんだから「なぜあなたはそう考えたの？」ということをとりあえず聞いてみようと。

１対１指導の講師というと、予備校の先生とかでテレビによく出ていらっしゃる方などに代表されるように、「私の言うことを聞いていれば大丈夫です」みたいなイメージの先生方も多いと思うんです。でも、私が入社の面接の場で必ず伝えるのは、「うちはどちらかというと縁の下の力持ちだよ」と。「表に出る機会はあまりないよ、合格したら子どもたちが頑張った結果だし、不合格だったら私たちの責任だよ、そんな会社だよ」という話をしていました。そういう風な形でやっていったのが１回目の転換点です。

――１回目の転換点を迎えて、他に変化はありましたか？

ちょうど１００校舎を超えてきたこともあって、そうなると今まで通りいかなくなってくることも増えてきましたね。

いろいろな意味で業務が複雑になったり、社員やアルバイトの負担が増えたり。それまでは個人スキルに頼っていた部分があったんですけど、それだけに頼っていては難しい時期になってきました。

そこで当時取り組んだ方法というのが、例えば私とか幹部が意思決定して、「この通りにやればいいよ」という風にトップダウンで落とすのではなく、１００校舎ある中のどこかの教室長がうまくできたことを分析して、標準化して、全社展開をしていこうという、よくあるチェーンストア理論を取り入れていきました。

――では、2回目の転換点はどこになるのでしょうか。

それはまさに、今回コーチ・コントリビューションさんにサポートをいただいた「コーチング導入」ですね。

学習塾は、学習指導要領という国が定めている勉強の進め方を意識せざるを得ず、それが10年に1度改定されるんです。ちょうど私たちが創業した時期というのが、ゆとり教育が始まった時期で、円周率が3として指導されるようになったり、土曜日が全部休みになったりと、学力が下がってしまうのではないかと言われていたタイミングなんですけど、その1回目の改定が創業から10年後ぐらいにあり、2回目の改定がまさに去年（2020年）から始まったんですよね。今回の学習指導要領の改定では、大学入学共通テスト、つまり30年以上続いたセンター試験がなくなることになりました。それぐらい大きな改定がされるような時期でした。「大学入試センターの試験が変わるといっても、それは高校生だけに影響があるんでしょ」と思ってしまいがちですが、実は小学生や中学生にもかなり影響があります。

――実は私もその時期の子どもを抱えており、気になっているところです。

市丸さんは小学生のお子様をお持ちなのでご存知かもしれませんが、実は去年から通知表が変わってるんですよね。

中学受験する子たちの全国模試というのがあるのですが、とある校舎の教室長が言ってたんですけど、その校舎の生徒に、全国模試で偏差値にして大体55くらい取る子がいたそうです。中学受験の模試なんで、高校受験や大学受験に換算すると偏差値60以上くらい。まあまあ優秀だと言われる学力がある生徒だったそうです。それまでは小学校の評価なので、「よくできる」「できる」「普通」という三段階評価で、その生徒は、

「よくできる」がほとんどだったらしいんですよね。ただ今度の学習指導要領の改正で評価基準が変わりました。

スポーツに例えると、フィギュアスケートとかそういう競技でもルールが変わったら今まで強かった選手が優勝できなくなったりとか、昔だったらＦ１とか、レギュレーションが変わると今まで早かったチームが遅くなってしまったりとかそういうことが実際あったと思うんですけど、それとちょっと似ている現象が起こったわけです。

今まではＳがとれていた、評価してもらっていた。それが今までと同じでは評価をしてもらえなくなる。そんなことがまさに起きてきました。では、これからの評価の観点は何かというと、「知識・技能」「思考力・判断力・表現力等」、それに、「主体的に学習に取り組む態度」という評価項目が出てきたんですよね。要は、誰かから言われたからやっているのではなくて、自ら進んで学習に取り組んでいると先生に認めてもらえなければ評価が上がらないという風に通知表の付け方が変わってしまったわけです。それが去年２０２０年でした。

２０２１年の４月からはこの考え方が中学校にも入ってきました。中学校にそれが広がってくると高校入試などにも当然影響が及んできます。それが高校生になって一層広がっていくわけですが、もともとこの辺のタイミングというのは、教育業界ではビジネスチャンスだと言われていました。「何かが変わるときというのは、いろいろな市場が生まれるというので、ビジネスチャンスだよ」と。

ただ、学習指導要領が改定され、入試が変わるだけでも大変なわけですが、そのタイミングでＡＩとかＩＣＴ教材も入ってくるんですね。今まで学習塾というのは、「知識やテクニックを伝える代わりにお月謝をいただく」というビジネスモデルだったんですけど、これによって、例えばYou tubeによる無料予備校が

できてしまうというわけです。有名な予備校の先生が無料で動画を流す場合、見ている生徒たちは当然お金を払わなくていい。見てくれる人が多ければ多いほど広告費が入るので、その先生たちにはお金が入ってくる。だから無料でバンバン流すんですよね。

そんなことが起こり始めたり、ＡＩが入ってきていろいろな教材が導入されると、人間がやるよりもそっちの方がいいんじゃないか、といった流れが教育業界に起きてくる。そうすると今まで教育産業でやってきた塾とか予備校だけでなく、名が知られているような有名な企業やＩＴ企業といったところが、どんどんこの業界に参入してくるという現象が去年起こりました。

――私もその流れは強く感じていました。

それで、このタイミングで我々が考えたことというのは、それならもう知識の伝達についてはそこに任せてしまおうと。逆に言うと、「われわれ人間は人間にしかできないことをやろう」という結論に至りました。それが２回目の大きな転換点としてコーチングを導入するきっかけとなった部分なんですね。

実際、人間にしかできないことをやろうと思うと、どうしてもコーチングスキルの向上が不可欠になってきます。これまでやっていた経験則をつなぎ合わせて集めて標準化して展開していくというやり方だと、どうしても抜け漏れダブりみたいなのが出てきたりしてうまくいかないでしょうし、体系化されていないものなのでそこには個人差が出てしまうというリスクも出てくる。

よって、コーチングの導入を通じた「さらなる成長組織のリーダー改革」ということで、初めに着手したのが、うちの幹部、取締役、つまり役員や部長クラスの人間に、体系化されたコーチングトレーニングを学んでもらうことでした。

しかし、この取り組みを数年かけてやろうと思っていた矢先に、新型コロナウィルス感染拡大が起きてしまったんですよね。このタイミングでリモート化がどんどん促進されてくるし、そうなってくるとやはり資本を持っている大企業が強い。いろんな形でどんどん新たな施策を打ち出してくるので悠長なことを言っていられない、ということになり、全社的なコーチング導入を決断しました。

――それが２０２０年のことでしたね。

はい。１対１ネッツの強みである「寄り添う力」を、人間の強みとして活かしていくために組織を強化していこうと。そのために全社に向けたコーチング導入を一気にやろうということを考えたのが去年です。

それで役員幹部以外の一部の社員97名に、２０２０年11月から12月にかけてリモートでのコーチングのトレーニングを始めました。実施した11月、12月というのは学習塾業界としては、受験を控えた冬休みで進路も決めなければならない忙しい時期ですし、コロナのこともあったので、リモートでの実施を決めました。

事前にコーチ・コントリビューションさんにご相談をして、インプットとアウトプットを分けるということで、最初に動画学習をしていく形をとりました。通常業務時間内で受講することを原則にしていたため、自分でスケジュールを組んで、見られる時間に動画で視聴するというのが、最初のインプットになります。そのあとでオンラインでメンバーをつないで、動画で得た知識を活かして活用していく。こちらがアウトプットの場です。

――このアウトプットの場は、とても活発な場であり、私も強く印象に残っています。

この場には、コーチングの活用以外にも、さまざまな副産物がありました。全国に教室が点在しているの

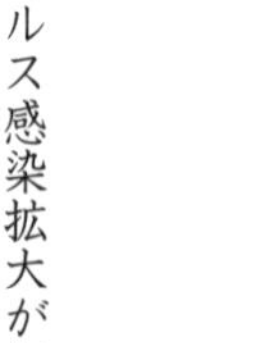

で、普段顔を合わせることがなかなかできないメンバーとリモートで繋がって、校舎内ではなかなかできないような話をする機会にもなり、それがモチベーションアップに繋がったようです。

今回の全社コーチングで期待していた変化は２つあります。まず１つ目が内発的な変化です。本来、いろいろな意味で会社が変わるステージで、さらにはコロナといった先の見えない環境の中では、スピード感をもって問題解決をしなければなりません。一方、私が創業社長としてなんでも自分でやってきた部分もあり、メンバーが受け身になりがちな組織という側面がありました。今回は成長に向かって自走する組織、与えられて動くのではなく、自ら動いていくような組織になってもらいたい、というのが１つ目の期待している効果です。

２つ目は、外発的な変化です。昨今、学習塾の先生に求められることとして、今勉強していることだけではなくなってきているという部分があります。具体的には、入塾時、通塾時、進学時と、さまざまなタイミングでコーチングが必要になってきている。

先日、ある生徒の保護者であるお父さんが、弊社の先生にしてもらって何が一番よかったかと問われ、「志望校ランクを上げてもらったこと」とおっしゃっていたと聞きました。勉強ができるようになって学力が上がって志望校ランクが上がったということかと聞くと、どうやらそうではないらしい。単に「偏差値が高いから」とか「有名だから」では、今の子どもたちは動かない。そういうことではなくて、例えば入学後の学校生活や入った部活がどうとか学校を卒業したらどうだとかの話を、親からではなく、塾の先生にしてもらえることで具体的に子ども自身がイメージを持てるようになったと。それによって、やらされる勉強ではなくて自ら進んで勉強するようになりました、というお話を聞かせていただいたことがあります。

——それは企業内におけるコーチングのアプローチとも共通するところですね。

思春期の子どもなので、親に言いにくいことでも第三者になら言いやすかったりというのもあると思うんですけど、そういったことも学習塾に求められてきていますよと。目指しているのは「プロのコーチがいる学習塾」です。当然プロのコーチがいるっていうブランディング効果を期待している部分もあるんですけど、もともと一人ひとりに向き合っていきたいという思いで塾を始めているので、それをコーチングを使ってやれるようにできたらなおいいなと。最初の頃に思い描いていたことをさらに強化し、コーチングによって子どもたちの夢を実現するという、ほかの塾に負けないようなブランドが創れるといいなというのが外発的な変化になります。

——実際に、11月、12月に学んでいただいたことをコーチングスキル調査によって数値化したところ、自己調査（自らの評価）と他者調査（受けている社員の部下からの評価）ともに高くなっていました。それを牽引したのは聞くスキル、そして表情ですね。これらは、ひいては生徒の答えを否定しない、そして自信をつけさせるという部分にも間違いなく繋がっていると思います。

今、数値的な変化を改めて見ているんですけど、実際現場ではどういうケースがあったのかということで3つお話をさせてください。

1つ目のケースは、塾における進路指導としての三者面談の変化についてです。そこは普段日常の報告や、進路相談みたいなものもあるんですけど、その三者面談の中での対話の変化ということで私たちがいろいろと進めているのが、営業の場としての部分です。

例えば、面談の場は、「満足してもらって長く続けていただきたい」とか「納得してもらってお友達を紹

介してほしい」とかそういった意味での営業の場でもあるんですけど、これまでは担当者による面談の質のばらつきをできるだけなくしたいということで結構細かいマニュアルを作ってたんですね。そうすると何が起こるかというと面談に沿ってマニュアルに書いてあることを実践することに手いっぱいになってしまい、保護者の思いや生徒のやる気を十分に引き出すことができない、ということが起きていました。

そういった部分で、現場の社員に対して、コーチングのトレーニングの後どうなったかを聞いてみると、保護者や生徒の思いを一層聞くことができるようになったり、生徒のやる気を引き出すことができました、という報告が上がってくるようになりました。

これは四国地方のある地域の話なんですけど、今までは営業が苦手で、なかなか結果を出すことができなかったメンバーから、いろいろな社員間のコーチングやそれを保護者や生徒に活かすことができた結果、「三件連続うまくいったんです」と喜びの声が聞けました。

――それは嬉しい実践の変化ですね。

２つ目のケースは、教室長とアルバイト講師との対話の変化です。私たちは１対１指導をやっているので、全社でいうと常時１５００名ぐらい、多いときで２０００人ぐらいのアルバイトの大学生に活躍いただいています。そして、そこでは当然、教室長とアルバイト講師の対話が非常に重要になってきます。

先ほど話したように、教科書が変わって今度英語がこんな風に変わるよ、とかいう話がひとたび出てくると、現場ではそんな話ばかりになるんですね。業務連絡を中心に、「今度はこうやってください」とか、「この間期末テストがあったんで成績回収してください」とか、そんな話ばかり。本来やりたかった、講師が生徒に対して主体的な行動をとってもらうための働きかけというのが、環境の変化、競争の激化の中で取り組みづらくなってきた部分がでてきます。でも、コーチングを中心とした対話をすることによって、アルバイト講師が自ら進んで生徒への働きかけをしていくような、そういった行動が増えてきたようです。

最近は優秀なアルバイトの採用がかつて以上に簡単ではなくなってきているため、やはり満足して納得して長くアルバイト講師を続けていただくというのは塾のクオリティを維持する上でも大切ですし、採用コストや経費の部分でも大事になってくるため、これは一つの大きな変化だと感じています。

――確かに、コーチングの影響というのは、スキルを学んだ方のみではなく、その方と関わった方やさらにその先へと伝播していきます。もちろん、そのためには貴社のように、経営層がコーチングを企業風土として根付かせていくんだ、という強い信念をお持ちであることが大切ではないかと思います。

その通りですね。それは、この後の話にも繋がっていきますが、3つ目のケースは、上司と部下との社員間の対話の変化です。先ほども触れたように、いろいろな環境の変化で上司が部下にする話というのは、どうしても目先の業務の話になってしまいがちです。結果、いろいろと聞きたかったり、相談したかったり、目的を共有したかったりという部分が、どうしても疎かになってしまうということが起きていました。

今回のコーチングトレーニングは、忙しい冬休み受験の直前期に行ったというのもあるんですけど、予想以上に、相談が増えましたという報告が上がってきましたね。また、実際に会社のことや生徒のことといった話ができるようになったそうです。これを機に、対話が活発になっていくことで、私が実現したかった「自ら進んで動くという行動力の向上」が近づいてきたと感じています。

一般的に言われているコーチングスキルと、身につけたことで期待できる効果と、聞く・承認・質問といったスキルを通して、顧客満足度や従業員満足度の向上や売上利益の増加、離職率の低下を目指すといった

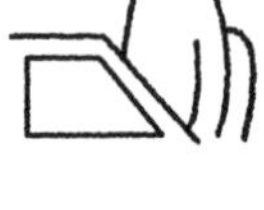

ことも、もちろん経営を継続させていく以上無視することはできません。

しかし、先ほど申し上げたように、教育業界もさまざまな変化の波があり、今までと同じスタイルではなかなか難しくなってくるため、こういったご時世ではありますが、コーチングを軸にした新しいブランドを２０２１年４月からスタートさせました。今まで弊社でやっていた対話の部分で、知識の伝達ではなく、コーチングに特化したブランドです。

まずは、モニターで始めたところ、かなり高い満足度が示されました。「勉強の時間が増えました」であったり、「成績が上がりました」であったりといった喜びの声もいただきました。ブランド名は、「ＮＡＬＵ」と言います。なりたい自分に「なる」ということを目指し、オンラインコーチングをメインにしたサービスをやっていくことで、一人ひとりのゴールに向けて実践経験豊富なコーチが徹底的にナビゲートします。生徒さんの環境や習慣、心を改革します。そして、ここがポイントなのですが、生徒さんの自宅を最強の学びの場所にします。与えられたものではなくて、自主的にやることによって実は自分の自宅というのが最強の学びの場になるんだよ、と。そういったものを実現させる新しいブランドとして２０２１年４月から正式リリースしました。

これは従来の塾のように継続的に通塾することを目的としている教育のサービスではなく、短期集中型で自分の心や習慣を改革していく。そのあとは定期的なメンテナンスのみで自走していける、そういう生徒たちを育てていくようなプログラムを目指しています。

こういったサービス開発も、コーチング導入なくしては実現しませんでした。

――最後に、社長の「座右の銘」と普段から心がけている習慣、会社のビジョンを伺ってもよろしいですか？

座右の銘は「進取」です。これは卒業した上五島高校の校訓であり、いつもこの言葉を意識して行動しています。

また、普段から心がけている習慣としては、

- ●朝1時間程度ウォーキングをしながら、思考を整理する
- ●最低年1回は、非日常空間に身を置く（旅行、初めて訪れる場所）
- ●名刺交換した方にはできるだけ近日中にメールを送る
- ●何かやりたいことを思いついたら、「なんのために」と自問する
- ●年数回は、幼馴染などの古い知人と会う機会を作る

ということをやっています。

〝個別教育舎〟という社名には、「こどもたちを、ひとりひとり『個（唯一）』の存在として尊重することで、ひとりひとりが、「自己の存在」を実感でき、人と人が触れ合う、コミュニティとしての校舎を目指す。こどもたち、ひとりひとりの現在の能力に合わせ、可能性を尊重し、将来の夢の実現に向けた最良の教育を個別に提供する」という想いをこめています。子どもたちの声に耳をかたむけ、1対1でしっかり向き合い、一緒に成長していく。それが、私たち〝1対1ネッツ〟です。地域社会が求める有為な人材を輩出することで、世の中を明るくし、元気を日本全体に広げることをさらに挑戦し続けていきます。

第6章

オンライン対談

合力知工（福岡大学　商学部　教授）

×

市丸邦博（コーチ・コントリビューション株式会社代表取締役）

「短期的な成果」ではなく、「持続的な成長」を目指す

市丸　この度は、共著という形で合力先生と本を創らせていただき、とても有意義な時間をいただいています。

合力　いえ、こちらこそ。本来は経営学や経営戦略が専門分野ですけど、「コーチング」に関する書籍はいつか執筆したいと思っていたので、念願かなってうれしいですよ。

市丸　私も今回の企画の実現を楽しみにしておりました。でも、合力先生は、そもそもなぜそこまで「コーチング」に関心を寄せられていらっしゃるのですか？　専門分野である経営戦略においては、例えば、経営資源という切り口からみても、「ヒト」「モノ」「カネ」「情報」など、さまざまテーマがあるわけですよね。

合力　私も今ちょうどその話をしようと思っていたのですが、そうした経営資源の中でも、一番経営において大切なのは、私は「ヒト」だと信じているんですよ。当然、経営戦略を立案し、遂行していく上で、いわゆるビジネスツールやフレームワークといったものは欠かせません。ＳＷＯＴ分析、ＰＥＳＴ分析、３Ｃ分析……。挙げればいくらでも出てきてしまいますね（笑）。

　ただ、こうしたツールやフレームワークを学び、使うだけでは、経営者として十分とは言えません。これらを使いこなすには、経営者としての「真のリーダーシップ」、もっと分かりやすく言えば、人としての

「人間力」や「哲学」というのかな。こうした基盤が大切だと思っているんですよ。

市丸　「人間力」ですか……。

合力　はい。もう少し掘り下げて説明してみましょう。例えば、心理学という学問領域がありますよね。この学問を学んだ人が、精神的に苦しんでいる人をサポートしたり、世の中に役立てたりすることができれば、これは「人間力」によって、正しくツール（学問）を使っているということになります。一方で、心理学は悪用することもできるわけです。人間の深層心理をうまく使いながら、善良な人たちをだましてお金を搾取する、といったことだってできてしまうわけです。これは、「人間力」が著しく欠落しているケースです。そうした人たちがツールだけ手に入れても、世の中は決して良くならない。

そういう意味で、コーチングというツールも、使い方を間違えてしまうと、パワハラのようなマネジメントになってしまう危険性があるわけですよ。

市丸　確かにそのリスクはありますね。営業職である私の知人が、上司から、オープン・クエスチョンで「君は今後どんなキャリアビジョンを描いていきたいの？」と聞かれたことがあったそうなんです。知人が、「実は私はゆくゆくはマーケティングがやりたいんです」と正直に答えたら、露骨にいやな顔をされたらしいんですよね。そして、「もう一度聞くけど、君は何がやりたいの？」と今度はかなり厳しく問い詰められて、結局、上司に忖度して、「ずっと営業をやっていきたいです……」と。

その上司は後々、「彼はこの先も営業がやりたいと言っていました」とさらに上の上司に報告したようです。それを聞いた知人は、それから上司に質問されても本音では絶対に返答しないと決めたそうです。

合力　なるほど。それは完全に「人間力」が欠如した、間違ったツールの使い方ですね。でも、実は結構、そういう間違った使われ方をしているケースって多いんですよ。なぜだか分かりますか？

市丸　そうですね…、自身のポジションパワーの維持が目的でしょうか？

合力　それもありますけど、最もよく聞くのは、「短期的な利益の獲得」のためですね。目先の利益のために、安易にコーチングのようなコミュニケーションツールを悪用してしまうというケースです。先ほどの知人の方の場合もそうですよね。本人はマーケティングに興味があり、ゆくゆくはキャリアの軸にしていきたいと思っている。上司の方は、中長期的に見れば、その思考を尊重し、能力開発していった方が会社の発展にも望ましいわけです。もちろん組織である以上、すぐにやりたいポジションに移すことは容易ではないかもしれません。しかし、短期的な利益を追求するために、無理やり営業職として働かせ、一時的に営業成績が上がったとして、それが持続的発展に果たして繋がるのか。私は「利益を上げるコーチング」ではなく、「ヒトを活かすためのコーチング」にこそ、可能性を感じています。

市丸　実は、弊社でコーチングを学ばれている企業様の場合も、同じことが起こっています。少し時間がかかったとしても、コーチングを学ぶ過程で、部下の目標達成に寄与したり、相手を探求的に知ろうとしたりするといった、真の「コーチングマインド」を身につけ、実践している企業様の場合、すぐには目に見える

数字が表れてこなくても、じわじわと中長期的に発展されていますよね。そして、そういう組織風土を創り上げた企業様の方が、当然人財の定着率も高くなっています。

合力　そう、その「真のコーチングマインド」というのが、私の言う「人間力」です。ちなみに、そういう企業の特徴として、どのような施策を講じていることが多いですか？

市丸　トップがコーチングを学んでいるかどうかというのは大きなポイントですね。やはり、トップが受けていないと、どうしても社内浸透度が低くなってしまいます。トップが部下に、「持続的な成長」ではなく、「短期的な数字」を追い求めてしまうからです。「おまえ、コーチング勉強しているんだから、数字上げろよ」みたいな。

合力　そうじゃないんですよね。そうではなくて、部下が成長していけば、数字は自ずと後から付いてくるんですよ。私が関わっている多くの中小企業さんでも、やはり人の成長にリソースを配分している企業さんのほうが、結果的に安定した利益を生み出していますからね。

かの西郷隆盛がこんな趣旨の名言を残しています。

「過去の功績のご褒美として役職につけるのは、善くないことの第一である。功績のある人には俸給をあたえて賞し、役職はそれにふさわしい人物にあたえよ」と。

つまりは、「短期的な成果」をあげた人にではなく、「持続的な組織や人の成長」に寄与した人にこそ、役職を与えるべきなんです。そうでなければ、みんな「短期的な成果」を求めてしまいますから。そういう意味で、市丸社長がおっしゃるように、トップがコーチングを学び、「コーチングマインド」を醸成することはとても大切なことだと思いますね。

ハイブリッド型トレーニングを志向し、ピンチをチャンスに

市丸　そういえば、先日は弊社のオンライン型コーチング・トレーニングにご参加いただき、ありがとうございました。

合力　いえいえ、こちらこそお世話になりました。最初はちょっと緊張しましたけど、でもとても実りある1時間半でした。皆さん、スタートラインが同じ方々なのかと思っていたら、新しい方やベテランの方が入り混じったクラス編成なんですね。

市丸　そうなんですよ。これは弊社のトレーニングの特徴だと思うんですけど、あえて初めて参加される方と経験者とを混在させるようにしています。理由は、初めての方同士だと、どうしても1on1のコーチングがぎこちなくなってしまうからなんです。

　一方で、経験者にゲストなどで参加してもらうことで、初めての方にとってのロールモデルになったり、うまくコーチングで引き出してもらったりすることができる。そういう経験が、いざ自身が現場でコーチングするときに新たな引き出しとして活きてくるんです。「●●さんは、こうやっていたな」といった具合ですね。

合力　なるほど。言われてみれば私も経験者の方と組ませてもらいましたよ。それはつまり、私が初心者だから、ということですかね（笑）

市丸　いえいえ、決してそういうわけでは……（汗）。ただ、せっかくご参加いただいたので経験者のコーチングを体感いただきたいと思い、トレーニングの運営担当と少し調整をさせていただきました。

合力　なるほど。オンライン会議ツールを使うと、そういう運営がしやすいメリットがありますよね。

市丸　ええ。特に我々の場合は、この新型コロナウィルスの影響が出る前から、対面型のトレーニングと並行して、オンライン型のトレーニングはすでに始めていました。うちは福岡と東京に拠点がありますが、現地まで来られないという方々の受講ニーズに応えるため、オンラインでのトレーニングもやっていたんです。

合力　道理で進行がスムーズだと思いましたよ。でも、全国津々浦々の初級者や経験者、管理職や経営者の方が参加してきて、多様性に満ちた場ですよね。「あー、この人は、こんな風に感じていたのか」といった気づきもたくさん得られましたから。これぞオンライントレーニングの醍醐味ですね。

市丸　一緒に入っている参加者から学ぶということが、コーチングのトレーニングにおいてはとても重要なんです。コミュニケーションには正解がないので、いかにさまざまな相手と個別対応でかかわれるかという訓練になるわけです。そして、一番重要なのが、自由に「自分の言葉で発言し、描いた事を行動に移す」事です。「自分にされた経験は相手にできる」これこそが人財育成のポイントであり、「しっかり聞いてもらい、描く」そして、相手に好奇心を持ち聞いて、「自ら描いてもらう」我々はこれを「実践型コーチング・トレーニング」と言っています。

合力　確かに私も短時間ながら実践をたくさんさせてもらいましたね。正直、ここまでやるか？といった感じでしたけど、いったいどんな狙いがあるんですか？

市丸　やはりいざ職場に戻って部下たちに実践するとなったら、座学で身につけた知識だけではどうしても限界があると思います。ですから、弊社の場合はだいたい1クラス1時間の中の6割から7割は実践をやっていますね。コーチングをする。それが終わったら役割を変えてコーチングを受ける。オンラインで終わったら次の日は職場で実践する。それを4か月間ひたすら繰り返し続けていくことで、徐々に体に身に付いていくんですよ。

合力　そう考えるとなかなか厳しいトレーニングですよね。でもそうした徹底的な訓練があってこそ、実践で役に立つと。他に意識していることってあるんですか？

市丸　クライアント（コーチングを受ける側）が主体になるよう、コーチはできるだけ伴走者として寄り添うようなかかわりを意識してやっています。たまに、「ここだ！というタイミングで、かっこいい質問を投

げかけられるようなコーチになりたいんです」といった抱負を語る参加者の方がいらっしゃるんですが、それだとコーチ主体なんですよ。クライアントの存在が置き去りにされている。上司の自己満足のために、部下が付き合わされている構図と同じです。

合力　もう一つ気になったのは、今（2021年7月時点）はまだオンライン会議ツールに慣れていない人もいるじゃないですか。対面とオンラインってどんな違いやそれぞれ難しさがありますか？

市丸　誤解を恐れずに言えば、どちらかを選べるのならやはり対面の方がより望ましい環境だと言えます。相手の声色や視線、手の動きなども肌で感じたうえで接することができますから。一方でオンラインの場合はどうしても視線が合いにくかったり、息遣いまでは捉えられず、発言がかぶってしまったりすることもありますよね。

ただ、オンラインは全国の方と繋がることができますし、忙しいビジネスパーソンにとっては通学の手間も省ける。ですから弊社としては、対面とオンラインをうまく組み合わせたハイブリッド型のトレーニング機関を目指しているんです。

合力　ハイブリッド、いいですね。確かに、我々は新型コロナというハンデを負った一方で、これをチャンスととらえれば、さまざまなチャレンジができますからね。まさに、ピンチはチャンス、ですね。

市丸　そうですね。この環境の中で、オンラインを活用し、どう組織全体のエンゲージメントを高めていくか？「1on1コーチング」「実践型コーチング」を世に浸透し、さらに「人と組織の成長に貢献」できるように日々邁進しています。

家族に対するコーチングは機能するのか？

合力　ところで、一つずっと聞いてみたいと思っていたことがあるんですけど、御社のコーチング・トレーニングには、基本的に「組織を成長させていく」というミッションがありますよね。ただ、一般的な企業と、いわゆる同族経営の企業とでは、やはりコーチングの導入の仕方も変わってくるんでじゃないかと思うんですけど、いかがでしょうか？

市丸　そうですね、うちにいらっしゃる企業様の場合は結構違うかもしれません。まず、多くの同族経営企業の場合、トップや経営陣がまず率先してコーチング・トレーニングに参加されます。そして、良いと思ったら今度は社員の方々が同じトレーニングを受けに来られる。さっきも少し話に出ましたが、トップがコーチングを身につけているので、その場合、浸透のスピードが違いますよね。

一方で、一般的な企業様の場合は、最初に「管理職研修」の一環のような位置づけでミドル層から参加されることが多いです。当然、トップや経営層はその時点で受けていないわけで、「おまえ、コーチングを受けたんだから、今期の成績は上がるんだよな？」となる（笑）。

合力　なるほど。でも同族経営の場合、一般企業にはない難しさもあるんじゃないですか？

市丸　鋭い視点ですね。おっしゃるとおり、経営層が家族同士で距離が近すぎることもあり、やはり最初はなかなかうまくいかないことが多いんです。例えば、とある企業さんでは、社長、副社長、取締役と皆さん家族なのですが、完全に社長のワンマン経営だったことから、副社長以下、経営会議は社長以外は常に無言。「はい」と「分かりました」しか言えない雰囲気だったそうです。

一方で、当然、副社長や取締役たちは面白くないわけですよね。陰でそんな社長のことをああでもない、こうでもないと言っているわけです。

合力　なんかドラマに出てきそうな話ですね。

市丸　そんな状況の中、社長のトップダウンでコーチングが導入されるので、もちろんみんな最初は面白くないから、コーチング・トレーニングの中で繰り返し行う1on1のコーチングでも、前向きな発言がなかなか出てこないんですよ。「私は会社をよくしたいんだけど、社長が……」となるわけです。当然ですよね。ずっと何十年も同じ環境、同じメンバーでやってきているわけですから。「今さら変われるはずがない」と思ってるわけです。

ところが、継続的にトレーニングを続けていくことで、本当に少しずつですが変化してくるんです。「確かに社長はワンマンなところがあるけれど、それがあったからこそ、ここまで大きくなったわけだし、そこは私たちも感謝しているのよね」だったり、「私たちも本当はもっと意見を出していかなければいけないと分かっている」だったり。後日、社長と1on1コーチングをしているときに、そっと伝えるんですよ。「そういえば、先日取締役が『社長には感謝している』とおっしゃっていましたよ」と。

合力　そうしたら？？

市丸　社長は、もちろんそんなこと面と向かって言われたことがないので、頬が緩みますよね。「あいつがそんなことを？　言われたことないですけど本当ですか？」と。それからは、少しずつ副社長や取締役の意見を聴くようになったみたいです。

　コーチには守秘義務があるので、もちろんその範囲内のことは口外できませんが、こうしたちょっとしたきっかけを創る事が組織の成長に向け、一緒にコミュニケーションを向上させていくために重要です。

合力　それは素晴らしい成果ですね。でも、やはり夫婦や家族でコーチングをし合うというのは本来なかなか難しいですよね。よくトップコーチの方が、「他人にはいくらでもコーチできるけど、妻にだけは機能しないんです」みたいなことを言っているのを聞きますし。

市丸　「コーチングは身内こそ難しい」まさにその通りです。ただ、その「身内にコーチングができるようになる」と大きな変化があります。例えば、子どもに対してかかわる際などに、お互いがコーチングを使っていくというのは有効だと思います。例えば、ふざけている子どもをしつけなければならないとき、妻の側がティーチングで叱ったら、あとから夫がコーチングで、「次はどうしたらいいと思う？」とフォローを入れる。両方でティーチングをしたり、両方でコーチングしたりするのではなく、ここでも「ティーチング」と「コーチング」を使い分ける。そんなかかわり方は結構機能するようですね。

　先ほどの同族経営の経営者の方たちで言うと、取締役に何か言うとき、副社長がティーチングをしたら、

社長があとでコーチングでフォローする、みたいなイメージでしょうか。

合力 なるほど。であればなおさら、組織の中の誰か一人ではなく、メンバーそれぞれがコーチングを身につけておくことが大前提となりますよね。特に同族経営の場合は、仕事でのコミュニケーションが家庭内の雰囲気にも確実に影響しますからね。

市丸 ええ。それに逆もあるようです。ある企業で副社長を勤められている奥様は、仕事で何か事を前に進めるときには、家庭内の雰囲気を良くしておいてから、その翌日とかに夫である社長に重要な相談を持ち掛けているそうです。やはり家庭も仕事も関係性なんですよね。

合力 本当にその通りですね。そして、これで経営において一番大切なのは、「ヒト」だということも、改めて読者の皆様にご理解いただけたでしょう。今日は市丸社長といろいろと話せて有意義でした。

市丸 私こそとても勉強になりました。経営戦略論の中でも「人」「組織」の創り方の理論を、合力先生を通じて学習できる機会を今後も楽しみにしています。

付録
コーチングツール

Coach Leader Name：

短 期　3ヶ月後

Date　20　年　月　日
3ヶ月後　20　年　月　日　歳

● リーダーとして実現したいビジョン・目標は？（※できる限り具体的に）

● ビジョン・目標実現のための「・知識・自己啓発・知見」は？

● この期間にどのような行動をとれば目標を達成しますか？

タイムマネジメント

【タイムマネジメントがビジョン・目標実現の必須ポイント】

● 1度の人生、時間を有意義に過ごすには、どうありたいのか？
⇨ ビジョン・目標の明確化が必須

それを実現するために、主体的にタイムマネジメントを知り、
いつどんな事を実現したいか？描いてみましょう。

期間	時間
1日	24
1週間	168
1ヶ月	720
3ヶ月	2,160
3年間	25,920
7年間	60,480

【タイムマネジメントサイクル】

短期・中期・長期にどうありたいかのビジョン・目標を設定し、時間を主体的に充実することが重要。

○ ビジョン・目標実現のために、
1日・1週間・1ヶ月でどんな変化を？
○ 3ヶ月で何を実現したいか？
○ 3年で何を実現したいか？
○ 7年で何を実現したいか？

実践型コーチング・目標シート
（長期・中期・短期）

長期　7年後

20　年　月　日　歳

● リーダーとして実現したいビジョン・目標は？（※できる限り具体的に）

● 何のためにビジョン・目標を実現したいか？

● ビジョン・目標を実現すると、どんな事が得られるか？

中期　3年後

20　年　月　日　歳

● リーダーとして実現したいビジョン・目標は？（※できる限り具体的に）

● 何のためにビジョン・目標を実現したいか？

Date : 20　年　月　日　　Coach Leader Name :

【目標の進捗確認と改善】

【進捗確認した日】 20　年　月　日

● 目標に対しての進捗自己評価

100点	75点	50点	25点	25点
（非常にできた）	（できた）	（中間）	（あまり出来なかった）	（実践出来なかった）

● 目標の軌道修正

● ポジティブな成長促進

● 成長の余地の成長促進

【仕事スタート前に効果的な実践】

セルフ・コーチング実践

20　年　月　日

自身を常に高め続けるために、問いを投げかけ、
具体的に描いて（書いて）、自身のパフォーマンスを高めていきましょう。

● 未来・ビジョン・目的意識の問い

① 3年後、何を実現したいか？

② 何のためにビジョン・目標を実現したいか？

③ ビジョン・目標を実現すると、どんなことが得られるか？

● 自分の可能性を最大化する問い

① 何をしている時が、夢中でわくわくしているか？

② 自分の特徴を活かし、何を実現したいか？

● 常に必須の問い

①『ピンチの時に、自らどのようにして、チャンス』にするか？

自分自身で活用するセルフ・コーチング集を
描いて（書いて）みましょう。

①

②

③

【仕事が終わった後に効果的な実践】

セルフ・コーチング実践

20　年　月　日

自身を常に高め続けるために、問いを投げかけ、
具体的に描いて（書いて）、自身のパフォーマンスを高めていきましょう。

● 1日のコーチングのブラッシュアップ（セルフ・コーチング）

① 今日、1日で最も印象的（ポジティブな影響）だった3つは何か？

② 今日、1日で感謝できる3つは何か？

● 未来を創る明日に向けた（セルフ・ビジョン・コーチング）

① 明日何を実現したいか？

② 実現のためには、どんなスケジュールで、
誰にどんな『1on1 コーチング』を実現したいか？（社内・社外）

③ 明日の目標　日付 20　年　月　日

①

②

③

※ 詳細スケジュールは、自身の手帳やIT管理を推奨

1on1 コーチング　レベル調査

**1on1 コーチングを実施する際に、
レベル４以上を目指し相手中心の対話を実践しましょう。**

下記スキルに当てはまるレベルの欄に、〇印をつけて、レベルの総合計を右下空欄にご記入ください。

コーチ役		相手役		調査役	

	聞く	承認	質問	情報提供
レベル１ 【2点】	相手の話を、最後まで、 聞くことができず、 途中で口をはさんでしまう	うなづきや 相槌がない	コーチが 聞きたいことを質問し、 相手は質問された事を 答える問答の 形になっている	相手に 「こうしたほうがいい」と アドバイスをしている
レベル２ 【4点】	相手の話を、途中で、 遮らずに最後まで、 聞くことができる	うなづきや 相槌ができている	コーチが 聞きたい質問ではあるが、 相手にとっても 有効な質問を することができる	相手に 限られた情報を提供し 選択の余地を 与えていない
レベル３ 【6点】	相手の話に、 興味関心を持って 一生懸命聞くことができる	相手のペースに合わせて、適切なうなづきや相槌が できている うなづきや相槌に加え、	相手の視野を広げ、 視点を変える質問ができる	相手が 選ぶことができる情報を 複数提供している
レベル４ 【8点】	相手の言葉を よく聞くだけでなく、 話のスピードや声のトーン まで含めて聞いている	うなづきや相槌に加え、 「素晴らしい」 「がんばりましたね」等の 言葉を伝えているが、誰にでも同じ言葉をかけている	相手が セッション後も 考え続けるような 後に残る質問ができる	コーチからの 情報提供に加え、 相手が自ら情報を 集められるように 促している
レベル５ 【10点】	相手の言葉を よく聞くと同時に、 言葉になっていない感情や 意図を受け取って 聞いている	相手にしかない 個性や強みを見つけ、 それを言葉にして 伝えている	相手が 自分で考え 自分で選択していく方向に 向けた質問ができる	コーチからの 情報提供がなくても、 相手が自ら情報を 集め選択していけるように 促している
点数				
合計点数				

良かった点	
成長の余地	
ポジティブな感想	

活用ステップ①／自分を知り、自分の将来を描く☞相手を知り、相手の将来を描く

【問いかけ集（121、122ページ）】

自分の特徴を把握し、将来何を実現したいか?自由に描き書いてみましょう。（自分を高め続けましょう。）

1on1コーチングをする際に、相手の特徴を把握し、将来何を実現したいか？（相手の特徴を活かし続ける対話をしましょう。）

これらを月1回は、継続的に書き、対話をして、自分と相手を高め合いましょう。

活用ステップ②／実践型コーチング・目標シートで、長期・中期・短期ビジョンを描く

【実践型コーチング・目標シート（170、171ページ）】

長期・中期・短期のビジョン・目標を描き、言語化しましょう。自由に描き書いてみましょう。

【目標の進捗確認と改善（172ページ）】

実践型コーチング・目標シートで描いた目標の進捗確認と改善を言語化しましょう。

これらを月1回は、継続的に書き、対話をして、自分と相手を高め合いましょう。

活用ステップ③／セルフ・コーチング（自分への問い）でビジョン・目標達成に向けて動く

【仕事のスタート前（173ページ）】

月1回は、継続的に書き、毎日、自分へ問いを投げ続け、行動しましょう。

【仕事が終わった後（174ページ）】

毎日、その日1日のポジティブな影響を振り返り、明日の目標を主体的に描きましょう。

詳細スケジュールは、自身の手帳やIT管理と連動すると効果的です。カスタマイズして、活用する事をお勧めします。

1on1コーチング　レベル調査表（175ページ）／

本表は、森川里美氏（国際コーチング連盟　マスター認定コーチ）に監修いただき開発しました。

1on1コーチングを実施する際に、相手中心の対話になるように意識をするスキルとレベルの調査表です。

実施して、自己調査に活用したり、相手から調査してもらったり、時には第三者に調査役として入ってもらい、より相手にとって有意義な対話の場、自分の意思で目標に向かう対話の場を設けましょう。

2週間に1度、30分～1時間程度の頻度を推奨します。

ただし、組織目標、状況によって頻度、時間をカスタマイズして継続的に実施する事が重要です。

おわりに【刊行にあたってのまとめ】

さて、本書では、ビジネスを活性化させるために組織に導入したコーチングを一時的なものに終わらせることなく、持続可能なツールとして根付かせるための方法論について、学術的な側面と実践的な側面からお示ししてきました。

本書を企画しようと思った動機は多々ありますが、その中でも最も大きなものは、私の講義で「コーチングを導入して成功している事例」として取り扱った会社に興味を持ち、そこに就職した人が入社後しばらくしてからその会社で苦しみ、その後退職した、という事実を、その人の友人である私のゼミ生を通じて知ったときです。

当人に話を聞いてみると、入社当初は、講義で学んだとおり、社員に寄り添い、質問を繰り返し、社員を認め、社員の強みに気づかせ、それを活かすようなコーチングを実践していたそうですが、経営環境が厳しくなっていくと、徐々にコーチングは数値目標にベクトルを合わせられ、むしろティーチングの方が多用される会社へと変貌していったとのことでした。

私はその人に対して非常に申し訳なく思い、どんなに素晴らしいツールであってもそのツールをどのように見るかで、その扱い方も活かし方も変わっていくのだなと思い知らされました。

第1章第2節の禅語「善悪難定（善悪定め難し）」のところで、本田宗一郎氏の「行動には常に動機があり、目的がある。動機が正義であり、目的が善であって、その行動だけが悪だということは、人間にはあり得ない。行動を生む動機や目的は、その人間の哲学が組み立てるものだ。哲学が正しくなければ、正しい行動は生まれない。行動という刃物が、利器となるか、凶器となるかは、その行動を支える哲学が正しいか否かによって決まるのだと思う」という言葉を紹介しました。

本田氏の言うように「行動」はまさに「刃物」であり、それが「利器」となるか「凶器」となるかは、その使い手の「哲学（パラダイム）」によると思います。「言葉」も同様です。言葉は、人を勇気づけたり癒したりすることもできるし、傷つけることもできます。

私は、本田氏のこの考え方はコーチングにも当てはまると考えました。コーチングがうまく機能し続けるには、それを使う人の「哲学（パラダイム）」が必要です。ちなみに、本田氏自身の哲学は、「いつどこでも、自分のために行動しても、それが社会全体の意志や時代の流れに逆行することがなく、それにプラスするような自由人でありたい。自分の喜びを追求する行為が、他人の幸福への奉仕につながるものでありたい」というものでした。

本書では、稲盛和夫氏の哲学も紹介しましたが、彼も本田氏と同様の哲学を有していると思います。徹底的な「利他的行動」の実践です。また、「はじめに」でお示しした、松下幸之助氏の「主体変容」、スティーブン・コヴィ氏の「インサイド・アウト」の実践も重要です。

コーチには常にクライアントがいます（セルフコーチングの場合は、自らがコーチであり、同時にクライアントになります）。コーチは「傾聴」の場合も、「承認」の場合も、「質問」の場合も徹底的にクライアントに尽くす哲学が必要です。しかし、「言うは易く、行うは難し」で、それは一朝一夕に身につくものではありません。常に意識し、何度も反復して習慣化し、やがて無意識にそれを実行できる域にまで達しないと、クライアントに尽くすことはできないのではないでしょうか。

第1章の第4節で「極楽と地獄の話」を紹介しました。地獄の者たちも料理を食べたいと望んでいるので、食べるために何度も何度もチャレンジしていました。努力はしているのです。しかし、「長い箸を使わなければならない」という条件をクリアすることができず、結果的に食べることはできず、永遠に「飢え」の状態が続くことになります（努力に対して結果が伴わない）。

つまり、すべての努力が必ず報われるわけではないのです。では、なぜ地獄の者たちの努力は実らなかったのか。「自分で自分の口に運ぶ」という以外の考え方ができなかったからです。それに対し、極楽の者は「長い箸を使わなければならない」という条件をクリアできる「他の人と食べさせ合う」という考え方ができました。だから、その努力は「満腹」という結果に繋がっていったのです。

「努力は必ず報われる」と主張する人と「いくら努力しても報われない」と主張する人がいます。私は、どちらも「真」であると思います。では、前者と後者とでは何が違うのか。皆さんは既にお気づきのことと思います。

前者は「極楽の者（利他的・主体変容的な哲学を有し、それに基づく行動を日々実践している人）」としての行動を実践し、後者は「地獄の者（自利的・他責的な考え方・見方しかできず、それに基づく行動を日々実践している人）」としての行動を実践しているからにほかなりません。

本書の第3章と第4章で取り上げた「実践型コーチング」は反復することが大原則です。しかし、その反復のベースには「極楽の者の哲学とそれに基づいた習慣的行動」が必要不可欠です。「地獄の者の考え方・見方」で反復し続けても、その努力がコーチングの定着と持続的効果に結び付く可能性は非常に低いということです。

本書では、その「極楽の者の哲学（パラダイム）」を身につけるための一つのチャレンジとして、禅的、（ポジティブ）心理学的、脳科学的知見を紹介しました。もちろん、他にも異なる視点からの異なるアプローチも存在すると思います。
皆さんも良質のコーチングを自組織に根付かせるために、いろいろとチャレンジされてみるといかがでしょうか。本書が、そのための一つの「踏み台」としての役割を担うことができれば、幸福の極みです。

合力　知工

参考文献

① 稲盛和夫（２００４）『生き方：人間として一番大切なこと』サンマーク出版
② 萩原一平（２０１３）『脳科学がビジネスを変える：ニューロイノベーションへの挑戦』日本経済新聞出版社
③ キャロライン・ウェッブ著／月沢李歌子訳（２０１６）『最高の自分を引き出す脳が喜ぶ仕事術』草思社
④ 合力知工（２０１０）『「逆転の発想」の経営学：理念と連携が生み出す力』同友館
⑤ ショーン・エイカー著／高橋由紀子訳（２０１１）『幸福優位７つの法則：仕事も人生も充実させるハーバード式最新成功理論』徳間書店
⑥ ダニエル・ゴールマン、リチャード・ボヤツィス、アニー・マッキー／土屋京子訳（２００２）『ＥＱリーダーシップ：成功する人の「こころの知能指数」の活かし方』日本経済新聞社
⑦ タル・ベン・シャハー著／成瀬まゆみ訳（２０１３）『Ｑ・次の２つから生きたい人生を選びなさい：ハーバードの人生を変える授業Ⅱ』大和書房
⑧ 二木宏明「情動のメカニズムの探求」『RIKEN BSI News. No.3. 1999年3月号』、理化学研究所 脳科学総合研究センター
⑨ バーバラ・フレドリクソン著／植木理恵監修・高橋由紀子訳（２０１０）『ポジティブな人だけがうまくいく３：１の法則』
⑩ Ｐ・Ｆ・ドラッカー著／野田一夫監修・現代経営研究会訳（１９６５）『現代の経営（上）』ダイヤモンド社
⑪ Ｐ・Ｆ・ドラッカー著／野田一夫・村上恒夫監訳（１９７４）『マネジメント（下）―課題・責任・実践―』ダイヤモンド社
⑫ Ｖ・Ｓ・ラマチャンドラン＆Ｅ・Ｍ・ハバード「数字に色を見る人たち 共感覚から脳を探る」『日経サイエンス』２００３年８月号
⑬ マーシー・シャイモフ（２０１０）『脳にいいことだけをやりなさい：Happy for No Reason』アウルズ・エ

ージェンシー（ＤＶＤ）
⑭ 枡野俊明（２０１７）『リーダーの禅語』三笠書房
⑮ 枡野俊明（２０１７）『美しく、心地よく、生きる』ＰＨＰ文庫
⑯ メンタリストDaiGo（２０１６）『あなたを変える52の心理ルール』ＫＡＤＯＫＡＷＡ

【著者紹介】

合力 知工

1988年上智大学経済学部卒業後、93年同大学院経済学研究科博士課程単位取得。

福岡大学商学部教授。経営戦略論担当。コロンビア大学客員研究員（2011年～12年）。

主な著書に『「逆転の発想」の経営学―理念と連携が生み出す力―』（同友館、2010年）、『チャンスをつかむ中小企業―ケースで学ぶリーダーの条件―』（共著、創成社、2010年）、『「企業の社会的責任論」の形成と展開』（共著、ミネルヴァ書房、2006年）、『伸びる企業の現場力』（共著、創成社、2006年）、『現代経営戦略の論理と展開―持続的成長のための経営戦略―』（同友館、2004年）、主な訳書（共訳）に『50のテーマで読み解くCSRハンドブック―キーコンセプトから学ぶ企業の社会的責任―』（ミネルヴァ書房、2021年）『コトラーのソーシャル・マーケティング―地球環境を守るために―』（ミネルヴァ書房、2019年）『企業と社会（上・下）』（ミネルヴァ書房、2012年）『ハイパーカルチャー』（ミネルヴァ書房、2010年）、『社会にやさしい企業』（同友館、2003年）、などがある。その他、論文多数。

市丸 邦博

コーチ・コントリビューション株式会社　代表取締役。国際コーチング連盟（ICF）プロフェッショナル認定コーチ。

2010年にコーチ・コントリビューション株式会社を設立。主に企業向け、医療向け、教育向け組織変革実現に向けた実践型コーチングに多数着手。

2013年にコーチング・トレーニング・プログラム（CL）を開始。

2015年にコーチング・トレーニング・プログラムプロフェッショナルコース（CLP）を開始。

2017年にチーム医療に向けたコーチング・プログラムに着手。

2019年に日本経済新聞主催セミナー日経4946セミナー「1on1コーチング」でテレビ東京系列テレQ CM告知と当日のプログラム編成を務める。

2021年3月に第7回COACHING実践事例2021を開催し2021年4月テレビ東京系列「テレQ」にて、『人が変わる 組織が変わる 未来に向けたコーチング（株式会社帝国データバンク編 株式会社個別教育舎編 九州産業大学編)』の放映に関わる。

著書に『コーチング理論ワークブック』(株式会社ルネサンス フィットネス教育研究所)がある。

実践型コーチングを軸とした「自走する組織創り」を企業に促し、組織エンゲージメントが向上するよう、日々支援を行っている。

2021年８月30日　第１刷発行

サスティナブル・コーチング
―「自走する組織」の創り方

©著　　者　合 力 知 工
　　　　　　市 丸 邦 博
編集協力　花 木 裕 介
発 行 者　脇 坂 康 弘

〠113-0033 東京都文京区本郷 3-38-1
発行所　株式会社 同友館
TEL.03(3813)3966
FAX.03(3818)2774
https://www.doyukan.co.jp/

落丁・乱丁本はお取り替えいたします。
西崎印刷／一誠堂印刷／松村製本所
ISBN 978-4-496-05553-9
Printed in Japan